新文创

巩强 著

電子工業出版社
Publishing House of Electronics Industry
北京 · BEIJING

U0894125

图书在版编目（CIP）数据

新文创 / 巩强著 . -- 北京 : 电子工业出版社 , 2021.1
ISBN 978-7-121-39819-3

Ⅰ . ①新… Ⅱ . ①巩… Ⅲ . ①文化产业－产业发展－研究－中国 Ⅳ . ① G124

中国版本图书馆 CIP 数据核字 (2020) 第 203200 号

责任编辑：刘　晓
印　　刷：涿州市般润文化传播有限公司
装　　订：涿州市般润文化传播有限公司
出版发行：电子工业出版社
　　　　　北京市海淀区万寿路 173 信箱　　邮编 100036
开　　本：880 × 1230　1/32　　印张：8.125　　字数：182 千字
版　　次：2021 年 1 月第 1 版
印　　次：2023 年 1 月第 2 次印刷
定　　价：62. 90 元

凡所购买电子工业出版社图书有缺损问题，请向购买书店调换。若书店售缺，请与本社发行部联系，联系及邮购电话：（010）88254888，88258888。

质量投诉请发邮件至 zlts@phei.com.cn，盗版侵权举报请发邮件至 dbqq@phei.com.cn。

本书咨询联系方式：307188243（QQ）。

NEW
CULTURAL
CREATION

推荐序一

跨越新文创时代的“专业鸿沟”，构建数字文化生态圈

张晓明　研究员
中国社会科学院中国文化研究中心副主任
《文化蓝皮书》主编

趋势：中国进入新文创时代

2010年以来，中国文化产业快速“跃迁”，进入了新文创时代。也可以说，中国文化产业发展进入“下半场”，或者“2.0时代”。

首先，2010年以来，文化产业的整体发展速度持续下降。从统计数字看，2004年到2010年，文化产业年均增长率达到23.4%，但是自2011年以后年均增长率的下降趋势明显：2011年21.96%，2012年16.5%，2013年11.1%，2014年12.1%，2015年11%，

2016年13%，2017年10.8%。可以说，中国文化产业的发展已经进入了“平台期”。

其次，文化产业结构出现了重大变化，从上市公司统计数据来看，2010年以来，与数字技术和互联网相关的文化产业上市公司的营收增速一直在20%以上，2016年1~3季度营收达657.8亿元，增速达到42.5%。

第三，平台公司出现和新文创时代来临。众所周知，中国目前已经有以“BAT”为名的三大平台公司，其中腾讯已经成为最大的“科技+文化”公司，其旗下的阅文集团也已经成为最大的文化内容提供商。这些文化内容来源于阅文集团基于腾讯用户形成的创意生态体系。在这个体系中，消费者和生产者融为一体，社交生活和商业活动无缝连接。阅文集团也是中国文化产业进入新文创时代的有利证明。

正如联合国教科文组织《重塑文化政策——为发展升级创意》（2018全球报告）中所说，全球文化市场出现的最大变数是“文化价值链‘深度重组’，由管道模式转向网络模式，以及数字环境下文化价值链的重组者——平台公司的出现”。

问题：文化与科技融合出现“专业鸿沟”

文化与科技融合推动了新文创时代的来临，在平台公司的创意生态体系中，UGC（User Generated Content，即用户生成内容）已经成为主角。但是在融合过程中，文化与科技的进步并非同步，我们正在面临“专业鸿沟”带来的文化传承的风险。

从本质上说，平台公司的崛起代表着数字网络进入了一个新阶段， 任何人，不仅可以在任何时间、任何地点，接受任何人类文化成果，还可以随时随地“参与文化表达”，从事艺术创作。

腾讯旗下的阅文集团成立于2015年，到2017年已经有6亿名注册用户，日活跃用户3000万名，它为750万名作家（绝大多数是非专业作家）提供了创作平台；移动音频App喜马拉雅2013年上线，到2018年已经有近5亿名活跃用户、数十万名业余音频创作者。很显然，UGC正在成为新一代文化内容的主体。

这也就是说，在短短的不到10年的时间里，中国出现了文化内容的生产者从小规模专业作者向大规模业余作者迁移的局面。这一方面反映出了互联网“人文主义价值”的实现，另一方面也扩大了“专业鸿沟”：新一代内容创作者能够熟练使用数字网络，但是在专业的人文学者看来，他们的专业化程度普遍不够，因而创作的数字化产品趋同性较高；专业的人文学者大多不能熟练地运用数字化工具，公共文化机构的数字化水平低，服务能力明显滞后，这也使得新一代内容创作者在创作时难以获得优秀传统文化资源的滋养和赋能。

据统计，我国现有不可移动文物76.7万处、可移动文物1.08亿件（套），以及数量众多的民间文物。我国博物馆有5000余家，但是文物展出率只有2.8%，文物丰富、体量巨大的博物馆如故宫，展出率甚至低于2.8%。

于是就有了这样的场景：一方面，数千万名非专业的内容创作者亟须得到传统文化资源的滋养，而另一方面，数以亿计的文物被关在博物馆仓库之中不见天日，专业的人文学者们依然在“前数字化”的技术环境中工作与生存。从根本上说，这是文化传承面临的巨大风险。

解决：构建数字文化生态圈，打造新一代文化基础设施

近年来，“数字革命”进入了一个全新的阶段，“数字人文”成为全球性热门话题。在大数据和云技术的驱动下，世界各国的图书馆、博物馆、档案馆向知识服务机构转型，联合大学、研究机构及大型网络公司，推动文化遗产的数字化、素材化和智能化，形成全新的数字文化资源平台。我们也看到，谷歌艺术计划、Europeana等陆续出现，构建起公共文化机构和研究型大学与全球性商业媒体合作的桥梁。

这就为我们展示出一种全新的可能：建设新一代文化基础设

施，以数字网络技术跨越非专业创作者和专业机构间的“专业鸿沟”，通过更广泛的主体连接，推动文化与科技的携手共进，以及文化价值和产业价值的互相赋能，从而实现更高质量的数字文化生产，构建起服务于未来的数字文化生态圈，真正做到让“收藏在博物馆里的文物、陈列在广阔大地上的遗产、书写在古籍里的文字”都活起来，向千百万名非专业创作者赋能，从根本上解决非专业创作者与优秀传统文化“断档”的问题。

数字文化生态圈是包含“数字文化资源整合—数字人文创意—数字生产与传播—数字消费与再生产”等多环节的整体，是从资源采集、标本库搭建、素材加工、文化标注解读到智能化应用的全链条系统，必须依托数字技术方、文化内容解读方、文化资源提供方的协同创新，必须具有“政产学研用”一体化的支持体系。

新一代文化基础设施本质上就是数字文化生态圈，其重点和难点是数字文化资源整合与数字人文创意两个基本环节，换句话说就是如何建立起普遍连接的数字文化资源平台，以及如何为专业的人文学者打造“数字人文”生产环境。因此，我们说必须向非专业创作者进行“文化赋能”，实际上也凸显了向专业的人文学者进行“技术赋能”的紧迫性。

应该承认，目前文物部门和专业研究与教学机构所置身的知识环境尚未真正进入数字化时代。从这个背景下看，目前文化遗产保护事业与新文创时代的要求是不适应的。与大型平台公司对市场的敏感反应和越来越迅速的技术迭代相比，公共文化机构显得过于沉寂和保守。

毫无疑问，新文创时代需要全新的文化保护战略。我国已经在近年来一再出台相关文件，这一战略已经基本成型。可以预见，一个接入每个人移动终端的中华文化智能化服务系统不久就会出现。

NEW
CULTURAL
CREATION

推荐序二

新文创经济的时代特征与发展趋势

向 勇
北京大学艺术学院教授
北京大学文化产业研究院副院长

当前，我国社会已进入社会经济发展的新时代。受国内国外多重因素的影响，我国正处在外循环经济全球化开放趋势不明朗的焦虑期和内循环经济新旧动能转换艰难的换挡期，更需要依靠文化和创意的力量实现社会经济增长动力的“焦虑消解”和社会经济增长效益的“超车换道”，构建国内与国外相统一、文化与经济相协调的双循环经济新发展格局。

新时代新发展格局的增长动力要实现从物质要素向符号要素的转型。如今，社会生产要素已从物质资源（如土地、矿产等）转变为非物质资源（如大数据、技术专利、故事版权等）。社会财富日益表现为一种符号价值和数据资本，包括商标、专利和版权在内的文创IP已经成为经济社会发展的核心生产要素之一，也是文化企业和地方政府的核心资产之一。

新时代新发展格局的增长效益要实现从时间经济向场景经济的转型。随着互联网尤其是移动互联网的发展，以及5G、大数据、人工智能、区块链、云计算等数字技术相关新基建的加快布局和场景应用，那些决定经济增长的主要因素已经从时间过渡到场景，或者说时间也被置换到了场景之中。

符号经济和场景经济的本质就是新文创经济。在这里，“新文创”表现为“文化+”的融合赋能机制，即除了推动文化资源转化为文化产品，还不断为传统产品在功能价值基础上增添文化价值，也为纯文化产品增添功能价值。新文创融合了消费者对产品的Must Have（即“必须拥有”）和Nice Have（即“更好拥有”）的两种需求，实现了“鱼”和“熊掌”兼得。新文创经济满足的是人们对美好生活的需要，这是一种“美的”生活和“好的”生活的有机融合，是有品味的生活与有品质的生活的有机融合。

新文创经济在本质上是一种美学经济、体验经济、手感经济、心灵经济，需要一种软硬巧施的创新手段。我们将基于功能价值、科技手段和产品特性的创新称为“硬创新”，将基于意义、符号、故事的创意视为“软创新”。“硬创新”与“软创新”的融合即是“巧创新”，这是文化3.0时代的一种典型性创新模式。“巧创新”除了关注技术创新、工艺创新和产品创新，更注重内容创新、风格创新、审美创新和情感创新。

“巧创新”需要文化价值的深度挖掘，包括基于原创的膜拜价值、基于机械技术的展现价值和基于智能技术的体验价值。其中，膜拜价值具有原真性、唯一性和在地性。比如，我们去看京剧，一定要看“角儿”的演出，京剧即是“角儿”的艺术。这个“角儿”对于他的戏迷而言，就具有膜拜价值。但是，具有膜拜价值的文化资源，要么是一种公共资源，要么受艺术自律和道德伦理的约束，无法简单用经济手段实现价值交换。展现价值具有技术性、复制性和在场性，比如英国国家剧院的NT Live模式，把有限的优质戏剧资源以神奇的光影手段重现。体验价值是通过互动、娱乐、参与等方式对价值观、情感等内容实现深度体验，比如现在流行的沉浸式展览、戏剧等，重新定义了传统的舞台表现方式和观演方式。新文创就是巧用文化资源的这三种价值属性，开发出“情理之中，意料之外”的体验产品。

新文创经济的价值创造来自生产端和消费端的统合，具有创造力生产和想象力消费的双重特点。生产资本与消费资本、生产力和消费力合二为一，原有的线性生产体系转为一个网状的社会生产体系。互联网尤其是移动互联网和智能物联网的兴起，从根本上改变了我们原有的生活方式和生产方式，也推动着新文创经济向平台经济发展。

新文创经济需要开发新文创IP。新文创IP即新文创知识产权，是在文化IP和法律IP基础上发展起来的新文创经济的新生产要素。腾讯公司商业运营的本质是“连接+内容”，其社交连接与内容平台之间的转化机制就是新文创IP。腾讯公司已形成一套新文创IP价值开发的金字塔模型（或洋葱模型）。这个模型从上往下（或从内向外）分为五个层次，依次是“价值观/世界观、个性、故事、多元演绎、商业价值变现”。借用文化学家雷蒙·威廉斯对文化形态的分类，我们可以将文创IP分成三类：第一类是老经典，表达一种民族认同、族群认同和历史情怀；第二类是新经典，由商业机构开发出来并在知识产权保护时效之内得到市场的检验，甚至塑造出这个时代的价值观，其用户价值在于圈层“区隔”、怀旧满足；第三类是快时尚，是在移动互联网平台下孵化出来的“爆款”，由消费者来决定。快时尚文创IP可能发展成新经典，也有可能随着消费趋势的变化而消失，其用户价值在于娱乐解压、猎奇满足和社交素材。

新文创经济的应用领域非常广泛。从文化创意到设计服务，从数字创意到联网文创，从美丽乡村到特色小镇，从非遗活化到文博文创，从文化商城到艺术社区，新文创的观念、策略与手段已经深入社会资源开发与产业价值提升的全流程，已然开创了文化新经济的新时代。

新文创经济的生产方式表现为“人人都是创意者”的新劳作模式。传统“旧经济”关注“物”的生产效力，现代“新经济”重视

"人"的生命体验，实现了以"人"的文化力取代"物"的经济力。新文创的劳动者是创造无形资产的符号创意者和技术自造者，其劳动方式体现为概念巧思和创意想象，其劳动结果是生产具有符号价值的创意产品。新文创的劳动者也是一个共享者，他不再属于某个固定的经济组织和专门的劳动岗位，这是一种灵活、及时、自主式、任务型的劳作分工机制。

奋进新时代，创意赢未来。新文创经济给新时代的每一个人都创造了无限的可能性。我们只有躬身入局，全力以赴，才不辜负这个时代赋予的历史机遇。

是为序。

NEW
CULTURAL
CREATION

目 录

绪 论

PART I
新文创浪潮

PART II
理解新文创

PART III
探索中国新文创

PART IV
新文创跨界生存指南

PART V
新文创商业观察

后记

NEW
CULTURAL
CREATION

绪 论

新文创：“解码”数字化时代的文化资本进化论

“这个世界永远不会需要贝多芬第五交响曲,直到贝多芬创作了它。现在我们离开它无法生活。”

——美国现代建筑学家　路易斯·康

“文创”是过去十年以及未来较长时间内最热门又最流行的字眼之一。

作为一种重要的文化发展形态和文化现象，文化创意产业在世界上引起了人们普遍的关注。人们已经对其进行了较长时间的研究，大力发展文化创意产业已经成为世界各国的共识。作为新兴产业，文化创意产业在国民经济中的地位日益重要，逐渐成为世界可持续发展的重要驱动力量。

那么，当我们在谈论文化创意产业时，我们究竟在谈论什么？

“文化”是一个广泛而复杂的概念。创意是以文化为素材的创造和创新活动，也是连接文化与产业的关键因素。产业一般包含两个方面的特征：规模化生产和商业化运营。而“文化”“创意”与“产业”这三个词语之间的组合，则衍生出诸如文化产业、创意产业、版权产业、内容产业等众多概念。此外，不同国家和地区的政府部门因自身的资源和发展愿景不同，为“文化创意产业”界定了不同的内涵和外延。一时之间，市井街头凡事皆可标榜“文创”，以至于它似乎包罗万象，却又似乎什么都不是。毫无疑问，这是对“文创”这个词的滥用。文化创意产业是产业无误，但它是特殊的产业。我们需要用人类历史发展的视角，从文化生产和消费的基本机制角度去理解文化创意产业的特殊性。

在过去的三百多年间，人类通过消耗自然资源推动着机械生产、规模化生产、计算机革命的先后兴起。技术进步推动人类社会进步，以A（Artificial Intelligence，即人工智能）、B（Big Data&Block Chain，即大数据和区块链）、C（Cloud，即云）为代表的数字技术的整体进步，催生了全新的数字文明。在数字化社会到来之前，人们以土地资源、人力资源、自然资源等作为经济运行的“燃料”。而在现如今的数字化社会，人们以思想、知识、文化、技术和创造力等构成的创意作为经济运行的“燃料”。我们正经历着数字化的活动和非物质的服务逐渐成为全球经济生产活动主流的结构性改变。

文化创意劳动作为一种全新的劳作方式，不需要消耗过多的自然资源，也不受时间、空间、场所的限制，却能衍生出无穷的新产品、新服务、新市场，以及新的就业机会和新的社会财富。有研究者认为，这是人类史上首次用文化资源替代自然资源的开掘和消耗，甚至将其称为自 500年前谷登堡印刷技术诞生以来又一次重大的“文明迁跃”。在这之中，变化发生在许多不同的层面上。有些变化明显而实在，某些却隐秘且很难解释。针对相同的变化，不同的人会解读出不同的结论。这些变化本身就值得我们去梳理和思索。

新时期的科学发现和技术变迁给商业发展带来了全新的契机，使得商业发展的规模、速度、精确度以及影响力得到了前所未有的扩大和提升，促使众多值得记录的新文创实践涌现，不断地颠覆我们习以为常的每一种商业形态。变革的浪潮近在眼前，未来的复杂性必将超过我们的认知。而人们对于文创的传统心态和基本认知，也发生了价值观层面的变化。或许你曾经对“文创”概念的理解，正在阻碍着你对“新文创”的进一步理解。全新的文创产业生态秩序正在形成，想要迎接挑战，就需要做出很多改变。变革浪潮来临之前，有一件事至关重要：那就是回顾历史、洞察迭代、前瞻趋势、理解变革如何发生，只有做到这点我们才能更好地迎接变革。

意义重构：从文化资源到文化资本

迪士尼电影《花木兰》真人版最初宣布定档 2020年春节，并在官方微博上发布了中文版海报和首支先导预告片，引起全网热议。

1998年，迪士尼历时两年、耗资1亿美元的动画电影《花木兰》正式上映。公开资料显示，这是迪士尼第一次选择将中国古代民间故事制作为动画作品。众所周知，木兰传说始于隋唐时期，如今已被列入第二批国家级非物质文化遗产名录。短短几百字的南北朝乐府诗《木兰辞》，记载了一个为尽孝道“代父从军”，功名利禄之下不变初心的典型中国传统道德楷模。但是这首乐府诗的故事脉络是不完整的，于是迪士尼熟练地运用现代西方的戏剧理论和价值观，以其特有的动画语言和极具想象力的细节对这个故事进行了重塑，输出了一部使其在全球赚得盆满钵满，还赢得满堂喝彩的经典影片。

动画版《花木兰》上映后，在海外市场引起观影热潮，不仅在全球取得 3亿美元的票房，其电影主题音乐还获得了奥斯卡金像奖最佳配乐奖提名。也正是因为这一次的尝试，花木兰的故事在全球实现了较大、较广的传播，不少外国人都对这位来自中国的传奇女子有了深刻印象。花木兰也摇身一变，成为迪士尼的经典公主形象之一。其实早在迪士尼制作首部动画片《白雪公主》的十年前，中国就有人拍过《花木兰》，迄今已经有五六个大银幕版本，但没有一部能够达到迪士尼版的影响力。无可否认，动画版《花木兰》的出现，让中国传统文化以更有趣、更新颖的形式被更多外国人“看见”。

这是这个时代最典型的全球文化输出图景：好莱坞拿着中国传统文化题材的资源，以全新的“文化面貌”进行贩卖。中国观众一边吐槽迪士尼不了解中国，一边热情地掏出腰包去影院支持。作为全世界最古老、最赚钱的电影生产地，好莱坞的成功在于其优秀的内容生产能力和适应数字化时代语境的运营能力。以“迪士尼公主（Disney Princess）系列”为例，从对潜力动画资源的挖掘和创作，到媒体造势、电影营销、影游联动，再到周边产品开发和广告植入，并吸引更多的人前往迪士尼主题乐园消费，形成了一条完整的多元化产业链。

为什么迪士尼可以给“花木兰”这样的传统形象赋予现代传播能力，进而产生巨大的资本价值呢？中国与西方发达国家在文化产业生产模式上的差距何在？我们需要从新文创的视角重新审视传统文化所面临的困境、挑战和迷茫，寻找成功破局的可能路径。

场景再造：从文化创意到商业创新

2011年，《纽约时报》在文章中描述了这样一件事：“电子书在迅速崛起，亚马逊以一种戏剧化的方式掠夺市场份额，大型连锁书店在灭亡边缘，独立书店要以关门应对这一切。”现如今的事实证明这个判断或许并不准确，书店并没有被电商和无纸化阅读逼入死角。在全球实体经济下滑的趋势里，商业地产正在积极转型求生，需要书店为其吸引人流、增加客群停留时间，书店因此拥有了和商业地产议价的能力，可以享受租金减免等更多优惠政策。很多城市的繁华地段普遍开有大型书店，占地面积极为“奢侈”，空间闲置率往往不亚于家电、数码产品、汽车等行业的门店，甚至跟美术馆、画廊不相上下。

2012年，茑屋书店找到东京建筑事务所，希望事务所为他们在代官山打造一家将书籍、音像甚至数码产品集合在一起的升级版书店。如今，东京代官山茑屋书店被评为“全球二十家最美书店之一”，也是年轻人前往东京旅行时的必到之处。

茑屋书店受欢迎的原因在于，它美得不像一个书店。设计师以“家”为意象打造茑屋书店的整体氛围，采用“日式现代中产阶级家庭”格调和暖色调的照明，选择有质感但让人放松的木质物件作为陈列货架。大面积的落地窗户代替了墙面，自然光线照射进来，使得整个空间更为通透。在落地窗边和书架附近都有椅子或可以坐的地毯，让人们可以按照自己觉得舒适的方式坐下来，并且不被人打扰。这里有超过12万张唱片，还有杂志、黑胶、影碟，让顾客在飘满咖啡香的书店阅读与交流，体验“让身心变得美好，并遇到美好的人”。

茑屋书店在国际上率先以“书+X”模式构建销售场景。“书+X”模式就是以“书”为核心，搭配影音、咖啡、餐饮、文创等，从细节入手，为顾客提供高品质、专业化、差异化的服务，颠覆了传统书店单一卖书的经营理念。以往的书店是“卖场”，而茑屋书店则把“卖场”创意再造为一个舒适的时间和空间场景，为消费者提供生活方式层面的提案与建议，并且将商品的购买过程愉悦化，使消费者得以放松。

茑屋书店的创意模式在全球各地被不断复制，模仿者众多导致同质化现象愈发严重。单纯比拼颜值的书店正在逐渐失去吸引力，提升书店业态内容的编辑能力，是未来竞争的重点。

从实体书店、图书馆，到购物中心和家电领域，茑屋书店并不仅仅是在塑造“网红打卡地”，其商业壁垒在于深厚的会员经营力。茑屋书店的会员从一开始以中老年群体为主，迅速扩展到各年龄层群体，持卡会员达到 6788万人（截止 2018年 9月公开数据），月活跃用户超过 5000万人。毫无疑问，庞大的用户数据可以让茑屋书店轻松还原用户画像，优化用户体验。从基于用户体验以“内容提案”的方式重构书店空间，到由大数据驱动的众多“画风迥异”的商业场景创新，这背后是标准化的数据采集、尊重个体化的调研方式和专业化的内容企划，也是从经营产品到经营用户的商业理念的转变。

从这个角度来看，耸立在代官山的网红书店只是一张时尚华丽的“皮囊”，而精髓在于其背后的新文创数字商业创新逻辑。

生态迭代：从文化价值到产业价值

胡斯卡是西班牙安达卢西亚龙达山区一个普通的小镇。小镇里的居民很少，只有不到200人，游客更是寥寥无几。2011年，索尼公司选择了这座山林小镇作为3D电影动画片《蓝精灵》的宣传基地，就这样胡斯卡的发展之路被突然改变了。选择胡斯卡的原因很简单，因为蓝精灵生活在蘑菇房子里，而胡斯卡是以盛产蘑菇而闻名的。

经过商讨，在电影上映前夕，居民们用4200升油漆，将全镇175座建筑物全部涂成蓝色。于是，这个“在那山的那边海的那边”的小镇，正式成为蓝精灵的家。胡斯卡在索尼的“粉刷”下，成为世界上第一个也是唯一一个官方授权的蓝精灵村。在电影宣传期间，胡斯卡名声大噪，成为安达卢西亚地区最热门的旅游地，蓝精灵的粉丝纷至沓来。电影上映一年之后，胡斯卡小镇累计吸引了超过125000名游客。看到平时安静的乡村小镇热闹起来了，当地居民都坚持不把小镇改回原来的风貌。

因为与国际知名动漫IP的连接，胡斯卡获得了崭新的身份。普通的乡村小镇从周边数十个资源禀赋雷同的小镇中脱颖而出，拥有了一个全新的开始。然而影片的热度终归是有限的，潮流过后，到底应该怎样留住游客呢？当胡斯卡变成蓝色之后，镇政府和居民围绕这精灵般的颜色做了巧妙的文章，将胡斯卡打造成一个可生活的童话主题乐园，赋予旅游者更深入、更生活化的体验，给胡斯卡带来了大量的人流和世界性的知名度。

首先，胡斯卡着手从视觉上打造出一个看得见的蓝精灵村。他们重新设计了小镇用于推广的 Logo。色彩选用了蓝精灵的蓝色，将蓝精灵的轮廓和蘑菇结合，非常精准地传递出小镇的旅游主题——“蓝精灵”，以及小镇的特色资源“蘑菇”。同时，小镇进村的路牌、街道的指示牌，甚至垃圾桶、游客中心的报刊亭，都换成了蓝精灵的形象。当来到胡斯卡的时候，游客便能在小镇广场上找到“胡斯卡：世界第一座蓝精灵小镇”字样的牌匾，而巨大的“蓝妹妹”塑像会在小镇入口处迎接各方来客。

为了让这里更像一个真实存在的蓝精灵村，居民们都参与到共同创作当中来，大家在蓝色的墙壁上设计一系列蓝精灵彩绘，让游客感觉蓝精灵们好像真的生活在这里，给游客提供“摆拍”留影的空间，而付出的代价只是几罐涂料而已。当然，推出蓝精灵村，旅游地图必不可少，游客按图索骥就能找到小镇上以蓝精灵为主题的旅馆。专门的“蓝精灵集市”出售蓝精灵的玩偶、装饰品以及当地特产。盛大的“蓝精灵花车游行”、新奇的“蓝精灵嘉年华”等节会活动的上演，既丰富了当地主题旅游产品，让游客在这里获得更多有意思的体验，又为当地居民提供了一个促销和推广本地特产的舞台。

微软公司创始人比尔·盖茨说过：“创意具有裂变效应，一盎司创意能够带来不可胜数的商业价值和商业奇迹。”我们不得不承认，创意是对人类创造力在当代社会价值中的一次新的体认。当文化的创造力被释放出来，变成生活方式或者收入来源的时候，组织结构、家庭结构、社会结构、产业结构都会发生深刻的变化。正如自然资源平平的普通小镇被动漫 IP重新定义，仅仅因为一种颜色就改变了命运。

我们谈论新文创的时候，已经隐含了对这个变化的基本判断。“新”无关所谓的年龄、时间，它代表进化、迭代的能力。它可能是产业颠覆者，也可能是进步的推动力。但是，“新”的实践不一定意味着让别人无路可走，而是会给我们带来更多建设性的东西。数字化时代的新文创潮流是任何人都无法阻挡的，但“潮水”要把我们带去何处？当下的每一步意味着全新规则下的可能性和对过往所有既定认知的挑战。理解新文创，就是理解我们这个时代的生活方式和价值观念的变化。

这本书并非学术性的理论叙事，而是通过一系列商业案例，讲述我们今天关注的焦点，从全球各地新文创实践的案例中寻找跳跃的灵光，希望引发读者持续的思考。

与其观望，不如进化。而这一切，才刚刚开始。

新文创浪潮

“历史是一串连锁反应的事件，要想理解后来发生的事件，必须理解由一连串历史事件所形成的背景。”

——霍华德·马克斯

“文创”之说脱胎于文化产业，而“文化产业”这一概念则可以追溯到20世纪40年代，德国学者西奥多·阿多诺和马克斯·霍克海默在《文化产业：欺骗公众的启蒙精神》一文中首先使用。他们结合法兰克福学派的批判理论，对文化工业化、商品化做出极度悲观的解读。20世纪60年代，文化、社会和商业之间的相互交织更加密切。研究者们对于文化产业的理解向更广泛的文化经济领域延伸。20世纪70年代，以雷蒙·威廉斯、约翰·费斯克等为代表的英国文化学派通过寻求“文化产业”的重新定义来促进和规划城市的发展。20世纪80年代之后，文化产业从概念之争走向实践层面，其内涵也随着经济的快速发展而得到前所未有的拓展，并逐渐成为国家层面的宏观发展战略。

第一章

1950年以来的文化产业浪潮

研究人员指出，20世纪50年代是新地质时代“人类世”的起点。当时，残酷的第二次世界大战刚刚结束，一个前途未卜的新世界正徐徐拉开大幕，人类社会的急剧变化，逐渐对地球的陆地、海洋、大气和生物系统产生深刻的影响。进入工业革命之后，迅速增长的人口加快了工业生产、农用化学品使用和其他人类活动的步伐，人类的索取速度已经大大超过了环境的承载力。同时，第一次原子弹爆炸产生的放射性尘埃仍旧在地球上“飘荡”，并慢慢沉积下来，成为地质记录的一部分。

旧事物式微，新物种诞生。

1950年，经典的迪士尼动画片《仙履奇缘》问世。这个唯美动人的故事改编自法国作家夏尔·佩罗的《灰姑娘》，为迪士尼创造了8500万美元的票房神话，帮助迪士尼公司走出了战争带来的阴霾。影片凄美的爱情故事与朗朗上口的歌曲更让该片成为老少皆宜的童话经典，在几十年后的今天看来依然散发着来自岁月的不朽魅力。

当时的美国动画片凭借着优美的人物造型、生动的动物形象、夸张的角色动作等成为世界动画的引领者。《仙履奇缘》的热映让迪士尼有了更大的雄心，沃尔特·迪士尼此时萌生了建设迪士尼乐园的想法。他希望创造一个大人和小孩能够共享天伦之乐的公园。他最开始的计划只是在一块8英亩的土地上建造一个小型公园，然而，随着设想慢慢变成图纸，他发现8英亩的土地无法承载他丰富的想象力，他需要建造一个规模更大的乐园。人们对他的想法持怀疑态度，有人甚至公开嘲笑，并预言他将为之破产。尽管他拿出所有家当做抵押，但仍筹集不到必需的资金，眼看几十年的夙愿即将化为泡影。

这时，美国广播公司伸出了援手，承诺出资600万美元，并且和他签订了每周在电视台播出一小时动画片的合同。沃尔特·迪士尼将节目命名为“迪斯尼乐园”，以动画片的形式宣传他心目中的“乐园”。这档节目受到观众的欢迎，最终使他筹措到了足够的资金，实现了其建造迪士尼乐园的梦想。在投入了1700万美元、花费了1年时间之后，1955年7月18日，迪士尼乐园终于开园了。迪士尼乐园对外总共发放了6000份邀请函，结果开园当天竟然来了超过

28000人。首日的成功因为沃尔特·迪士尼对于乐园家庭娱乐的定位以及乐园中各种用心的细节设计而被延续了下来。到了1965年，累计有5000万人游览了这家位于洛杉矶的乐园。

在这个新颖的“主题乐园”里，沃尔特·迪士尼把游乐设施和迪士尼电影中的那些故事结合起来。这在如今看来十分普通的想法，在当时却真正改变了人们对主题乐园的定义。正如别人对沃尔特·迪士尼的评价一样：“他给我们讲述的是过去，却由此让我们更贴近未来。”自此之后，这座怀揣梦想的旅游目的地以其独一无二的故事和沉浸式体验开启了家庭娱乐的新纪元。

当迪士尼动画短片享誉全球、逐步迈入黄金时代的时候，在地球的另一端，年轻的山内溥刚刚从爷爷手里接下家族作坊“山内房治郎商店”（任天堂的前身）。商店的主营业务是售卖当时日本最流行的游戏纸牌——花札。之后，由于花札市场萎缩，利润迅速降低，他开始尝试各种能拯救公司的途径——方便米、出租车，甚至情侣酒店等，直到最终在游戏和玩具领域中找到了自己的未来。

1964年，任天堂和迪士尼建立合作关系，生产迪士尼卡通形象的扑克牌并销售到世界各地。这种早期的IP授权合作成效显著，迪士尼的形象让任天堂一年卖出去了60万张纸牌。1969年，美国电子游戏业开始萌芽，山内溥看到了其中蕴藏着的广阔前景。在京都郊区的一个仓库里，任天堂的游戏部门成立了。山内溥只给招来的年轻人设立了一个目标——把钱花掉，做出有趣的东西。

时间来到1974年5月，乔治·卢卡斯完成《星球大战》的剧本一稿。191场戏，33000字，主要讲述了主角卢克·天行者走上绝地武士之路的冒险历程。卢卡斯把这一版的大纲用黑色牛皮封面装订好，封面上印着金色的“星球大战”字样，然后投递给电影公司。为了让制片厂的人看明白，他这样描述：这部电影是一部太空歌剧，剧情类似“飞侠哥顿”和“巴克·罗杰斯”（当时美国电影中的超级英雄人物），也是《007》和《2001太空漫游》的结合。但以当时的工业能力来说，这个剧本的实现需要投资几百万美元，甚至还不一定能做出来，所以在卢卡斯拿着他的《星球大战》剧本四处兜售时，环球影业等几家好莱坞公司都让他吃了闭门羹，最终20世纪福克斯公司慧眼识珠，愿意投资。

首部星球大战电影《星球大战：新希望》的上映最终创造了世界电影史上的神话，并且引起了一系列的连锁反应，最终拿下了将近8亿美元的全球票房，拯救了濒临破产的20世纪福克斯公司。影片上映三周后，20世纪福克斯公司的股价翻了一倍。在往后的数十年间，20世纪福克斯公司打造出了星球大战三部曲以及《巴顿将军》《阿凡达》等传世之作。《星球大战：新希望》这部影片直接孕育了伟大的电影特效制作公司——工业光魔。可以说，20世纪末到21世纪初的电影发展史的起源和进展主要就是由工业光魔推动的。他们在影片的特效制作过程中发明了Photoshop，后来将其卖给了Adobe公司，才有了大家所熟知的一代修图神器。

自1977年《星球大战：新希望》上映以来，这个来自“很久很久以前，一个遥远的银河系”的故事已经从大银幕延伸到了电视、小说、漫画和游戏等众多载体上，成为陪伴好几代粉丝成长的重要部分。它是当代流行文化的一个特殊符号，其意义早就超越了电影本身。这部影片不仅深刻影响了后来的一系列科幻电影，还对整个美国乃至世界流行文化产生了巨大的影响。在世界范围内引起轰动和广泛的讨论远不能完全形容影迷对它的热爱程度，全球各个角落的论坛对“星战”史的研究和补充直接把这部电影升级成了一门学问！

1983年，美国游戏行业遭遇“雅达利大崩溃”，原本市值32亿美元的游戏市场迅速缩水至1亿美元。电子游戏机领头羊雅达利一夜消失。就在此时，任天堂逆流而上推出Family Computer（简称FC，也就是国内玩家熟悉的红白机）。FC用便宜的价格迅速占领了市场，两个月内卖出了50万部，让任天堂股价翻了40倍，在游戏界摸爬滚打十多年的任天堂一跃成为游戏巨头。FC的成功令世人重拾对电子游戏机的信心，并意识到个人电脑并不能完全取代游戏机，世界游戏业的重心也逐渐从美国转移到了日本。

1996年，“任天堂64”（简称N64）面世。现代游戏设备常见的手柄震动以及摇杆等功能都出自N64。N64的首发游戏为《超级马里奥64》，这是首款3D化的马里奥游戏。《超级马里奥64》与后来的《塞尔达传说：时之笛》一起奠定了3D游戏的基础。同年2月27日，任天堂联合Game Freak推出了《精灵宝可梦 红/绿》。

人们在这一天里认识了一群叫“精灵宝可梦”的生物，以及一个崭新的虚拟世界。或许那时候的任天堂和玩家们都没有想到，多年后的今天，“精灵宝可梦”会成为任天堂除马力奥以外最火热且流传最广的角色名字。

事实上，任天堂在发展过程中从来不缺少竞争对手。早在1994年，索尼便加入了与任天堂的竞争中。这个日本家电业巨头凭借PS和PS2惊艳的影音效果直接超越了任天堂，并给任天堂带来了长达十年的衰弱期。除此之外，基于iOS和Android操作系统的智能手机游戏成为任天堂新的竞争对手。不断推陈出新、便于下载、高性能硬件、优质的游戏等曾只是任天堂掌机的优势，而现在都被手机游戏一一抢占。经历了百年发展光景的任天堂，几度起起伏伏，好像又回到了20世纪80年代初入美国交不起房租，面对一片繁荣的游戏业时的样子。

在旧体系不断坍塌、新秩序逐渐浮现的大时代里，通过一系列的运营和规划，迪士尼这个世界上最具野心的娱乐帝国最终实现了自我拯救，再次崛起并不断巩固着自己的帝国霸权。迪士尼乐园相继在美国加利福尼亚州、奥兰多以及海外的东京、巴黎、香港、上海等国际大都会落地。2012年11月，迪士尼公司宣布以现金加股票共计40.5亿美元的价格收购卢卡斯影业。2018年7月27日，迪士尼公司以713亿美元的天价收购福克斯的影视娱乐资产。此外，迪士尼还承担了福克斯大约138亿美元的净债务，意味着交易总价值约为851亿美元。

大洋彼岸的另一边，任天堂凭借着杀手级硬件Switch成功抵抗住了手机游戏的冲击，在巨大的生存压力面前实现了逆势增长。2019年，130岁的任天堂选择与腾讯合作，正式进入中国这个全球最大的游戏市场。不出意外的话，任天堂的Switch在未来几年将成为中国游戏市场份额最大的游戏主机。

20世纪中后期的历史进程对于当下的影响深远。文化产品在各国之间的流通达到了前所未有的规模。文化产业逐渐成为部分国家及地区经济增长的核心驱动力，越来越多文化产业领域的公司成长为全球商业巨头。它们生产出来的文化产品不仅仅是被消费的对象，也是新时期引导消费的重要力量。

文化产业的繁荣引领着技术创新潮流，又依赖于技术创新潮流。根据美国科学家詹姆斯·马丁的估计，目前物理学、化学、工程学、生物学等方面的知识有90％以上是1950年以后积累的。回顾历史，科学技术一直是人类文明进步的关键推动力，基础研究和创新突破能够极大地促进社会经济的发展。以原子能、电子计算机、空间技术和生物工程的发明和应用为主要标志的第三次科技革命，成为人类文明史上继蒸汽革命和电力革命之后的又一次重大飞跃。第三次科技革命为世界文化的发展提供了雄厚的物质基础，并使得全球文化产业间的联系越来越密切。强大的技术力量很快转变为直接的生产力，带领人类进入数字化时代，也促进了众多新生事物的涌现。

第二章

21世纪的全球文化生产与消费

20世纪末，自科技领域肇始的文化产业浪潮初现波澜。科技进步导致文化产业的呈现方式、传播方式等产生颠覆性变化，形成诸多文化新业态。面对新的竞争环境，在浪尖搏击的各国“玩家们”依然在黑暗中摸索前行，不断地更新换代，最终影响了21世纪全球的文化生产与消费图景。

在第92届奥斯卡桂冠的角逐中，由奉俊昊执导的韩国电影《寄生虫》大放异彩，成为奥斯卡近百年来首部非英语最佳影片。1988年的《末代皇帝》拍摄和上映时采用的是英语对白。2012年的《艺术家》是默片形式，唯一几句对白也是英语的。而《寄生虫》无论故事、对白，还是出品公司、导演和演员，几乎全部是“韩国制造”。

《寄生虫》实现了艺术和商业的平衡。除了电影界同行的认可，普通粉丝对其也赞不绝口，IMDb上20万人打出8.5分，烂番茄新鲜度99%，MTC媒体综合评分95分。在全球票房突破2.2亿美元之后，HBO宣布将这部电影翻拍成限定剧集的美剧；GrandCentral出版社计划推出包含《寄生虫》幕后花絮的304页漫画，并通过视频平台Hulu提供《寄生虫》漫画的流媒体服务。毋庸置疑，作为一部非英语的电影，在一个以英语为核心的电影产业评判标准下，影片《寄生虫》创造了历史，也让人们的目光再度聚焦到韩国电影上。

在《寄生虫》作为年度文化现象征服全球观众、电影从业者的背后，隐藏着一个值得注意的现象，那就是韩国娱乐产业积极向外拓展的尝试。这些年来，我们先后见证了韩剧和韩国偶像的崛起，“韩流”和“K-POP”成为热词。在流行音乐领域，“防弹少年团”刮起的韩流旋风已从亚洲延伸到了欧美，登上《娱乐周刊》封面和格莱美舞台就是明证。韩国电影在东南亚市场越来越受欢迎的同时，也开始在欧美市场上表现出日愈强大的影响力。

20世纪末的时候，韩国正式提出“文化立国”战略。1993年，时任总统金泳三在总统年度报告中指出：“《侏罗纪公园》的收益相当于150万台现代汽车索纳塔所获取的利润。”之后，文化产业逐渐成为韩国政府重点发展的对象，韩国本土电影迎来了复苏的契机。韩国政府相继出台《国民政府的新文化政策》（1998年）、《文化产业发展五年》（1999年）、《21世纪文化产业的设想》（2000年）、《文化韩国21世纪设想》（2001年）等，从法律制度、管理、财政等各个方面扶持文化产业的发展。到了2004年，文化产业已经成为韩国仅次于汽车制造的第二大出口创汇产业；到2015年，文化产业增加值更是占到了韩国GDP比重的15%。

从本质上来讲，文化产业也是一种经济活动，服从于市场经济的基本规则。早在17世纪，英国古典政治经济学创始人威廉·配第就已经发现，随着经济的不断发展，产业中心将逐渐由有形财物的产品性生产转向无形的服务性生产。按照世界经济发展的历史规律，劳动力必然由农转工，而后再由工转商，并且越来越多地转向文化服务业。工业化的完成标志着人们的物质需求得到基本满足，而精神生活的多样性需求越来越多地影响世界经济和人类生活，甚至影响国家现代化的水平和地位等。

进入21世纪，不仅仅在韩国，文化产业的概念在全球各国经济与社会发展中都成为热点话题。2015年12月，教科文组织推出了首个全球文化产业发展报告——《文化时代：第一张文化创意产业全球地图》。报告提出，11个主要文化创意产业部门已经成为全球经济的基石，在2013年，产值达到了2.25万亿美元，占全球GDP的3%，创造了2950万个就业岗位。在崭新的时代舞台上，文化产业的全球化趋势不断加强，这包括生产要素和消费市场的国际化以及文化产业生产模式和经济制度的国际趋同化等。

当文化产业成为国民经济和社会发展的支柱性推动力时，全球文化产业发展不平衡的态势将愈发明显。各国围绕文化产业市场的竞争正以全新的秩序和姿态展现在我们面前，竞争由文化的生产与消费层面逐渐扩大到城市、国家战略层面。

伴随着信息技术的快速迭代、互联网的普及和渗透，文化产业逐渐突破国界和时空，呈现出数字化、网络化和全时空的新型特质。当全球文化产业步入数字互联时代之后，互联网重塑了文化产业的规则，发达地区与不发达地区的马太效应更加凸显。在新的“游戏”规则下，研究者赋予了全球的国家三种截然不同的角色，它们分别是资本输出国、内容生产国和消费市场国。

资本输出国，意味着本国拥有强大的文化软实力、优质的文化产业供应链和可靠的金融运作体系。多数情况下，资本输出国也兼具大型文化消费市场。以此为标准，中国和美国是符合上述全部条件的国家。中美在文化产业领域各有秋千，美国支配地位显著，中国综合潜力巨大；美国具有头部内容品牌优势，中国则在产量方面后来居上。

坐拥好莱坞和华尔街的美国在全球文化产业市场上具有举足轻重的地位。作为全球最大的电影产业输出商和全球第一大电影票房市场，2016年美国影视产业在全球的出口额为165亿美元，贸易顺差总额高达122亿美元。

中国的优势在于庞大的人口基数、高达6.9%的年经济增长率所释放出的巨大消费潜力、自成体系且占据规模优势的文化工业生产。在电影产业领域，从2008年至2018年，中国内地电影总票房实现了从43.4亿元到609.8亿元的跨越。中国踏上了电影产业加速发展的快车道，成为全球第二大票房市场，银幕数更是高居全球第一。

但与美国相比，当前中国文化产业仍存在大而不强的问题：文化贸易总量已实现顺差，但在诸如图书版权、报纸期刊、电影以及文艺演出等核心文化产品领域长期存在贸易逆差；中国文化产品的市场占有率不断提升，但价值引领力仍有待提升；中国优秀传统文化资源十分丰富，但资源整合能力仍有待强化。从总体上看，中国的文化产业市场扩张很快，但质量参差不齐，远未至顶峰。

内容生产国得益于本国中等规模以上的本土市场和较为发达的文化产业，从而能在某些特定领域获取区域性甚至全球性的竞争优势，如韩国的娱乐产业、日本的动漫产业、印度的电影产业。奉俊昊等众多活跃在国际舞台上的韩国导演，都是在好莱坞电影和香港电影浸润下长大的。这些自称为“好莱坞儿童”的韩国导演，从小直接接触现代的西方文化以及香港的电影美学，对海外“倾泻而来”的大众流行文化有极高的认同感。

在现有全球文化产业生产与消费体系之下，内容生产国依旧是少数派占据领先身位。但是，内容生产国的人口基数限制了其基本盘的规模，同时受到大国文化贸易壁垒的限制，一旦文化商品在输出上丧失活力，其现有的生存环境很容易被强势的跨国资本加速挤压。

消费市场国就是既不具备资本优势，也不具备特定文化产品生产优势的国家，这些国家占据世界的大多数。文化消费市场的角色意味着，原先建立在民族语言基础之上的文化生产和消费机制，正在从商业层面被侵蚀。比如在电影的摇篮——欧洲，很多国家在好莱坞电影工业的冲击下，已经很难守住本土的商业电影市场，即使像法国这样有着悠久的电影制作和观影历史的国家，也无法幸免。而作为全球第四大电影市场的英国，同样长期处于好莱坞的“觊觎”之下。多家美国电影公司在英国投资建立电影院，短期内就让英国观众的观影次数实现翻番，然而绝大多数的观影者是冲着美国电影去的。数据显示，每年好莱坞的百余部影片的收入占据了英国电影市场总收入的近80%。

文化产业全球化所带来的影响是深远的。信息传播的地域差被磨平，意味着本土品牌在第一时间就得面临跨国企业的正面竞争，而他们鏖战的技术阵地，或许同样属于别的跨国公司。这从来不是对等维度的“战争”。当强势文化、先进科技、先进管理和全球市场结合，前所未有的巨型跨国文化产业企业便得以诞生。毫不夸张地说，跨国文化产业公司甚至有可能成为一个国家最有影响力的机构。它们的存在模糊了国家“边界”，促进了各国之间的合作，同时也潜移默化地影响着人们的思想观念，引领着其他国家的文化消费和流行时尚，甚至也有可能动摇本土的宗教信仰和文化认同。

今天的世界风云变幻。伴随着不确定的巨大焦虑和失落，变化仿佛多米诺骨牌一般接连发生。全球文化产业变革似乎已经发展到了关键的时刻，而我们才刚刚看到开端，大幕正在徐徐拉开。

第三章

数字化时代的新文创

1996年，美国计算机科学家尼古拉斯·尼葛洛庞帝在《数字化生存》一书中提出了“数字化生活”的概念。尼葛洛庞帝曾在书中大篇幅地讲述的数字电视、电子书、交互游戏，如今我们早已习以为常；他所预言的智能手表、可穿戴装置、家用机器人，现在风靡世界；他在书中提及的“交互设计、个体化时代、去中心化、数字化赋权”等概念，也已成为数以亿计网民耳熟能详的热词。

如果说当时这本书中提出来的数字化生活畅想和关于数字技术的一切，还只是一种预言式的构想，那么今天，数字化生活已经成为真真切切的现实。自1994年中国实现与国际互联网的全功能连接至今，整个互联网产业都在快速迈进。目前全球互联网的普及率已经超过55%。中国互联网络信息中心（CNNIC）发布的第45次《中国互联网络发展状况统计报告》显示，截至2020年3月，中国网民数量达9.04亿，互联网普及率达64.5%，基本实现了对国内多数人群和地区的覆盖。毫不夸张地讲，互联网早已成为全民级的基础设施。当下我们每一个人都极度依赖手机，预约、交友、导航、支付——我们使用这一切就像呼吸和喝水一样自然。有史以来，从未有一项技术发展能像数字化这样，让人类如此狂热地沉迷。我们习惯了互联网介入的工作与生活，习惯了便利的数字化信息通信，习惯了数字技术制造的超现实影像。

所以，我们看到越来越多的老年人活跃在朋友圈和微信群里；看到越来越多的年轻人用短视频记录和分享他们的生活；看到国家级贫困县的农产品通过电商平台走出大山，销往全国；看到偏远地区的学生与千里之外的教师在大屏幕两端隔空互动；看到越来越多的个体商户和小微企业通过互联网银行，无须抵押就能获得融资贷款……这些都是当下中国常见的场景，类似的普及和覆盖还在蔓延。

从能够帮助城市疏导交通的城市大脑，到进入千家万户的智能音箱；从可能颠覆现有算力的量子计算，到科幻电影中的无人驾驶汽车……伴随着科学技术的迭代升级，数字化浪潮已经逐渐渗透到日常生活的各个细微角落，而且脚步仍未减缓。通过移动设备，每一个人都成为数字化网络的一个节点。数字化时代文化产品的生产与消费不仅影响着我们对现实的感受，同时也在潜移默化地改变着我们的思维方式和生存方式，进而指导着我们的时尚风格和文化消费选择。

如果你希望从消费场景的微观角度来观察数字化时代的文化产业整体环境，那么不妨去看看中国的互联网公司阿里巴巴。阿里巴巴向来擅长“造节”。天猫“双十一”购物狂欢节，是全球最大的线上购物盛会。而2016年开办的“淘宝造物节”是阿里巴巴继“双十一”之后针对年轻人推出的另一个节日。“淘宝造物节”以TAO为标志，分别围绕T（Technology，科技）、A（Art，艺术）、O（Originality，原创力）三个主题板块，以极具互动性的参与方式，向全世界的年轻人展示科技、音乐、潮流时尚、现场综艺、亚文化等内容。

自诞生以来，淘宝一直是一个极具想象力的购物平台。据说，淘宝上每天有1700万人只逛不买。你永远无法想象他们在寻找什么。2019年，淘宝上宠物汉服的搜索量上涨109%；蹦迪汉服的搜索量上升86%。很多你闻所未闻的“宝贝”悄悄地卖断货了，比如，二次元棉花娃娃的销售量上升了2204%。

第一届“淘宝造物节”，只有108家创意店铺参加。五年后，这个数字已经超过了20万。第一届“淘宝造物节”上最受关注的创意商品是“大码女装”。那时候它令人惊奇，而现在人们已经对它见怪不怪了，这个原本小众的品类也已经变成了一个百亿级的市场。当初的特色商家生态不再小众，创意产品、个性消费愈发成为淘宝上大众消费的主流趋势。“淘宝造物节”正是淘宝空前丰富的特色商家生态的集中体现，折射出创意经济大潮的汹涌澎湃。

2020年，“淘宝造物节”第一次走出杭州，用大篷车巡游的方式，从杭州出发，奔向西安、成都，最终抵达武汉。从“中国版钢铁侠飞行夹克”到中国首个火星探测器模型，从沙县冰激凌到昆虫棒棒糖，从猫汉服到宠物酒和奶茶……超过150个神奇“物种”，3900公里的路程，500小时不间断的直播，最终形成了一部“公路电影”。

未来学家阿尔温·托夫勒曾经在《未来学家谈未来》里说过这样一句话：“今天比以往的任何时候，都更加需要幻想、梦想和语言。”对于研究商业的人来说，最恐惧的是什么？是不懂年轻人的世界。而通过“淘宝造物节”这个关注创意和创造的展会，我们看到了众多年轻人的奇思妙想，或许也可以从中窥见现在年轻人的喜好。

纵观过往的历史，我们要看到工业时代与数字化时代的文化产业发展逻辑是截然不同的，也就是说，即使你之前一直做得很好，也不意味着在数字化时代也能做得好。现在和未来之间可能存在巨大的鸿沟，不同的商业范式之间存在断点、突变和不连续性。工业时代大生产带来了巨大产能和海量商品，即使是文化产业领域的商业竞争，其重点也不外乎塑品牌故事、抢销售渠道、拼传播声量。

随着文化传播的时空和国界被互联网打破，以及网络媒体、移动社交媒体的广泛应用，跨文化传播加速了全球文化的互通互融。当下的消费者已经开始追求悦己主义消费、极致性价比、颜值至上、高效支付等新的商业形态。消费新需求必然催生一系列文化创意经济新物种，譬如懒人消费、宠物经济、闲置经济、盲盒经济等。商业的伦理被挑战，游戏规则被颠覆。每时每刻，似乎都有大量新鲜事物被创造出来，又有无数新的联系悄然生成。

倘若你再将视野向未来的深度数字化社会看过去，得益于遍布全球的互联芯片和形形色色的传感器，很快人类将无法处理每日俱增的海量信息。曾经需要“货比三家”才能做出更好的决定，而以后在每一个细分领域都会有高度分化的商品和服务供你选择。消费者的注意力极度涣散，更多的时候不得不依靠人工智能的复杂算法来协助做出决策。如今的我们依然处于这种深度数字化社会的前期。站在通往未来的门槛边缘，我们直觉地意识到一个新的世界正在呈现。数字信息流动的法则，必将重塑商业、媒体乃至日常生活的面貌，进而影响每一个人的生活。就在你阅读这些句子的时候，外面的世界仍旧在马不停歇地发生着剧烈的变化。尽管我们用了“剧烈”这样的字眼来形容当下，但如果拉长时间轴到历史的长河中来看，或许，这仅仅只是一个起点。

当时光再次回到1950年的新年之际，清华大学教授陈梦家撰写的《在胜利迎新中前进》一文发表在《人民日报》上，文中如此写道："凡是去年此时在北京的人们……一定是分外地愉快而兴奋的，也一定有许多的感想。一年前的此时，人们处在围城之中，无不焦急地等待着……那时候有少数的人不免恐惧未来，有着种种不安的情绪。"

此时此刻，怀揣着同样不安情绪的我们，面对着全球文化生产与消费的巨大挑战，能否用一种新的艺术与科学加以应对？

PART II

理解新文创

“每次我们用一种新的方式看天空的时候，我们都会看到一个新的宇宙。”

——引力波项目副主任盖利·桑德斯

新文创孕育于全球性的数字文化新时代，其发展及变革是迅速的。

2019年8月8日，新华社旗下的瞭望智库发布了中国互联网六大趋势。这六大趋势是基于人工智能技术，结合300位行业领军人物相关言论进行的预测，内容包括：颠覆性技术创新催生更多新业态；网络安全与网络发展并重；从消费互联网时代进入工业互联网时代；新文创：新时代应有新的文化生产方式；“智数”来临：人工智能赋能大数据；强力推动5G商用促进物联网变革。

事实上，瞭望智库的这份预测报告既带有预测的成分，也代表着官方对于互联网主流领域和方向的认可以及接纳程度，具有一定程度的风向标价值。瞭望智库的报告还提到，文创不仅要关注创意带来的体验价值，更要强调对文化产业价值的考量，也就是不仅仅要关注作品本身，还要系统性地关注长线、有秩序的IP建设。

方法论都是时代的产物。我们飞速变化的能力已经让原有的法则失效。旧有的观念不但无助于解决问题，反而会滋生出许多新问题。过去的概念或许不会彻底消失，但是它的适用范围会迅速地变得狭窄。我们疾驰在通往未来的高速公路上，目之所及的一切都在急速过时，变成历史，就连我们自身都无法逃避这种不断过时的命运。客观地讲，新文创不是“新瓶装老酒”的概念炒作，它代表着新的思维理念和新的造物逻辑。以网络为载体、以数字化内容为特征的新兴产业门类崛起仅是新文创的发端和表象，其本质是一种以IP构建为核心的文化生产方式，一种由新技术和新解决方案糅合而成的全新商业范式。

市场经历的从来都不是变化，而是变革。过去十年间文化与科技的创新发展只是揭开序幕，还尚未进入高潮。当传统的文化生产在即时的时代消费中不断迭代焕新时，我们也需要新的概念去重新定义旧的观念和价值，需要新的思维去重新理解新的生存和生态环境。这是属于我们这一代人的机会，当然也是考验。

第四章

重构新文创认知边际

在全球范围内，日新月异的技术发展，不断地改变我们的生活、情绪和状态，人类的文化生产方式也发生了一些变革。在全球创新的滚滚浪潮里面，任何关于文化生产的表达，在今天都不是唯一维度、单一镜像的表达，而是不断破界、不断重构的景象。

每个人看到的世界都是不一样的，每个人对同一件事情的认知也分不同的维度。不同维度的认知会导致不同的选择和不同的结果。只专注于那些被我们认定的最大问题，并通过这个问题来看世界，就相当于戴着有色眼镜看世界，必然会造成我们认知的局限性和盲目性。

我们据以生活的所有规则都发生了重大的变化，若我们还继续用旧的规则来适应新的环境，必然会导致我们错过很多机会、做出很多糟糕的决定。因此，在探索未来世界时，最重要的不是套用过去的常识，而是观察正在发生的各种事实。旧的边界在消融，新的边界在形成。我们需要不断打破思维定式、拓宽学习边界、重构认知版图，更深刻地认识新文创。

信息丰饶：无限选择与无从选择

当今世界的信息量以几何倍数持续增长。

过去短短几十年间，信息的膨胀速度超乎我们的想象。人类历史上的任何阶段都未能如现在一样快速生产和创造出如此丰富的信息产品。统计显示，近30年来人类产生的信息量，已经超过了过去5000年的信息量总和。互联网让我们“漂流”在信息海洋中，貌似波澜壮阔，我们却往往一无所获。更为糟糕的是，这样的情况不会缓解，只会越来越糟。人类被迫进入信息爆炸的迷雾中，在海量的垃圾信息和千姿百态的欲望里寻找自己的喜好、信仰和身份特征。这既令人兴奋，又令人恐惧。

我们自认为生存在一个信息极度发达的时代，但事实上，也是一个注意力极度涣散的、浮躁的时代。虽然产品、信息、媒体数量如此惊人，然而与之极不匹配的是人类大脑有限的存储空间。人均拥有的词汇量只有8000个左右，能记住的汉字大约只有3000个左右。庞大的信息，有限的大脑空间，这两者之间的矛盾日益凸显：

一方面，只有有限的、简单的信息容易被人们记住；另一方面，随着输入信息量的激增，大脑也会随之抛弃一些过时的、无用的信息，以减少负担。有限的信息消费时间和几何倍数增长的信息量之间激烈的碰撞，将导致海量信息在生产出来时就已经变得“过时、无用”。

在日常生活中，我们接触到的信息远多于我们能够或愿意吸收的信息。我们的目光所及之处都充斥着信息，如微信朋友圈刷屏的爆款、地铁上飞驰而过的广告牌、电脑屏幕右下角弹出的信息框、轮番上阵的视频主播、黄金档的综艺真人秀等。一个走进超市打算购买速溶咖啡的消费者，如果没有关于某种特定品牌的偏好，通常需要面对多种品牌、众多产品的选择。在导购人员的话术推荐中，这款产品深度烘焙，那款产品口感醇顺，那款是意式咖啡，另一款采用的是牙买加蓝山咖啡豆，还有一款正在促销，买二赠一……太多的选择导致消费者信息混乱，而混乱的后果往往是“谢谢，不必了”。

这是一个让人有无限选择却又无从选择的时代。伴随着消费物资供应从“短缺”变得“充足”，消费者选择有限商品的时代已经过去了，将产品信息强推到消费者面前的传统品牌营销模式开始失效。很多时候，不痛不痒的产品信息只会被人们当成噪声过滤掉。这也是“后稀缺”（Post-Scarcity）世界的“诅咒”：我们只能与宏大世界中的一小部分建立连接。

受众进化：始终在线的数字化消费者

在这样一个色彩斑斓的世界，人们每天都处于过载的信息流中。

科学家发现，人只能接受有限的信息，过了某一极限，大脑开始变得迟钝，失去正常的功能。普通人的大脑就像一块吸足水的海绵，只有挤掉已有的内容才能吸收新的信息。信息的膨胀和易获得性，使得现在的人们不再将所有的信息储存在自己的大脑中，而是越来越多地通过实时联网来获取需要的信息。因此，在消费者做出购买决策的时候，他不再依赖自己大脑中存储的有限信息，而是更多地通过移动互联网来辅助自己做出更合理的决策，甚至是用手机作为“器官”替代“大脑”来做出决策。数据显示，2018年中国用户平均每人每天在移动设备上花费的时间约为3.8小时。数字化浪潮渗透到各个细微角落，而且脚步从未减缓。我们习惯了互联网介入的工作与生活，习惯了便利的数字化信息传输，沉醉于数字技术制造的超现实影像中，这一切都在潜移默化地改变着我们的思维方式和生活方式。

数字化时代的绝大多数消费者都已成为数字化消费者。今天我们衣食住行方面的问题，几乎都可以通过互联网得到解决；而消费需求的嬗变、升级，又是催生更强大技术的引擎。相比传统的消费者，数字化消费者从感知、研究，到购买、支付、配送，再到售后每个环节的行为和心理，都发生了深刻的变化。

数字化消费者作为受数字技术影响最深的群体，具有非常鲜明的特征：消费习惯倾向于线上线下结合；消费愈发挑剔，越来越关注体验式消费；购物渠道逐渐“社交化”，代购、朋友圈、社群成为主要购物渠道；在社交媒体上交流购物体验也愈加频繁。在日常生活的各个场景中，消费者不仅可以从线下转移到线上购买，还可以随时、随地、随性且线上线下全渠道购买，7×24小时，一切尽在指尖。数字化消费者在任意一个阶段都可能会突然购买，也有可能在购买前一刻改变决定，放弃购买。他们越来越不可预测和不愿等待，他们的狂欢式购物、沉浸式娱乐，不全然是在享用便利，某种程度上来说，也是对高频刺激和即时满足的愈发依赖。

在数字化时代，消费者的购买决策路径已经悄然改变。研究显示，如今消费者的购买决策不再是单纯的线性或环状的，反而呈现出复杂化、碎片化、无规则可循的迹象。过去消费者更多地根据企业宣传的某个产品特性而买单，品牌是消费者感知产品的唯一途径。但随着互联网工具、平台的出现和发展，消费者获取信息的渠道不断增多，对品牌的忠诚度急剧下降，他们会通过点评类平台、搜索引擎、电商平台、社交媒体、测评网站等获取全面而细致的评价，以此为依据做出购买决策。就买卖双方而言，主动权往往掌握在买方手中。

以实体门店为例，线上与线下的界限不断模糊。消费者会在网上了解产品的细节和价格，查看产品的相关评价、销量等信息，这就意味着价格更加透明、信息更加对称，实体门店将很难获得超额的利润。不仅如此，消费者对实体门店的服务也提出了更高的要求。消费者购物诉求呈现多元化特征，既有全场景、全时段、全地域、全品类的购物需求，同时也要便捷化、即时化、智能化、人性化、个性化的购物体验。伴随着数字化进程的发展，我们正在一步步进入“颗粒解析度”更高的社会。数字化消费者的身体和行为所产生的数据都在持续不断的观察下被理解，而这种理解又将反过来影响他们的消费行为。

数字化时代所带来的媒介通胀和信息充裕，使得品牌在物理距离上无限接近消费者，但这种亲近只是表象，赢得信任才是内核。物理距离通过媒体和技术的发展可以被无限拉近，但是，心的距离却不会因为物理距离的拉近而拉近。为了更适应消费者的偏好和消费模式，企业应聚焦新消费，应用大数据、云计算、人工智能、物联网等技术，重构价值链，快速迭代前台业务，把消费者的诉求转化为产品和服务，同时，以数据为驱动，开展客户洞察，降低获客成本，实现精益化运营，提高消费者黏性。

在线与离线：明天的数字镜像世界

今天，整个商业系统的基础设施正在进行解构与重组。数字商业、电子商务正在把大商场+POS机+大商铺+停车场的传统商业基础设施，切换到基于云+交易App+支付App+快递系统的数字商业基础设施上；支付体系正在从传统的ATM机+金融网点+POS机，演变成基于云+支付App+智能终端的新体系；政务服务的“最多跑一次”，正在把原有的政务大厅、停车场等传统基础设施，演变为云+政务App+支付App+快递系统；社会研发体系，正在从实验室+实验装置+测量设备，演化到基于云+办公App……

国际咨询机构BCG曾做过分析，结果显示，由于互联网支付及移动支付的出现，2011-2020年中国减少1万亿元对各种金融支付基础设施的投入。2011年，美国的万人POS机拥有量和人均银行卡拥有量，均是中国的8倍。而今天，中国移动支付的规模是美国的80倍。中国用了更少的传统基础设施、更多的数字基础设施，创造了更好的经济社会价值。

随着移动互联网、人工智能、大数据、物联网以及5G等技术的发展和普及，数字化生存、数字化传播、数字化消费成为社会常态。数字化“基因”正以前所未有的速度、规模和影响力再造基础设施，重塑商业形态，展开新的商业想象，创造新的游戏规则。它在彻底地重新定义那些我们习以为常的消费、生活、社会等的方方面面。IDC预测，到2021年，全球至少50%的GDP将以数字化方式实现。传统的文化生产和消费关系正在被重建，未来基于互联网技术的文化创意产业占文化创意产业的比重将高达70%，数字技术将全面渗透到各个行业，并实现跨界融合和倍增创新。新的技术定义着新的内容生产方式，数字技术将成为新文创内容生产的核心驱动力。

新技术正带领我们走向一个数字孪生的新世界，这些技术对文化产业的影响不亚于电力革命。可以预见的是，在近一二十年的时间里，全球数字经济最重要的主题之一是数字基础设施的重构、切换与迁徙，以及基于新型数字基础设施的商业生态的再造。以物联网、云计算、边缘计算、人工智能、移动化、数字孪生等为代表的智能技术群落，在不断融合、叠加和迭代升级中，为未来经济发展提供高经济性、高可用性、高可靠性的技术“底座”。新一代信息技术发展将推动人类社会进入一个全面感知、可靠传输、智能处理、精准决策的万物智联时代。

数字化社会的终极版图就是在赛博空间里构建起一个与物理空间泛在连接、虚实映射、实时联动、精准反馈、系统自治的数字孪生世界。伴随着新技术、新方法、新模式的持续创新，物理世界与数字孪生世界的交互将从静态、动态向实时不断演进，这将驱动赛博空间的数字孪生世界无限逼近物理空间。

数字化时代是互联网、云计算、大数据、物联网、感知技术、触摸技术和人工智能等数字技术综合应用创新的一个时代，是人与技术共同进化的一个时代，也是以数字化驱动实体经济跟虚拟经济高度融合的一个时代。在充满变化的时代，没有什么是固定不变的，我们必须在尽可能宽广的范围内搜寻可能出现的创新。

数字技术在解构一个旧世界，建立一个新世界。通过移动设备，每个人都成为数字化网络中的一个节点。未来的社会将同时存在两个世界，一个是我们看到的物理世界，一个是我们看不到的数字孪生世界。我们依然期待并拥抱数字化时代，我们在数字世界中探寻无限的空间与体验，通过在线与离线的切换，漫步在不同的世界中。

第五章

新文创造物逻辑

新文创是一次技术迭代，更是一次认知迭代。

新文创是一个进化过程，更是一场实验性的探索之旅。

每一次技术变革，都可能会对社会结构、文化体验以及商业面貌产生深刻的影响。随着科技发展以及动漫、文学、影视、音乐等的崛起，文化创意的边界将不可避免地发生剧变。原先被奉为圭臬的系统和秩序，在新时代的认知升级中不断被重新诠释，叙事基础设施和传播模型已变，全新的内容连接方式正在不断涌现。毋庸置疑，数字化时代的文化生产，必将进入一个充满想象力的新阶段。

新文创的本质是一种以IP构建为核心的文化生产方式，一种由新技术和新解决方案糅合而成的数字商业范式，一种美好生活方式和生活场景的文创重构能力。“赋能、连接和融合”将成为新文创造物的三大核心逻辑。

赋能：IP化的文化生产方式

新文创的第一个造物逻辑就是“赋能”。以前我们讲“品牌赋能”，现在可以说是“IP赋能”。在日新月异的网络流行热词中，IP或已变得泛滥，但是我们不得不承认：IP就是打开这一代年轻人认知世界的钥匙。独具特色的IP重塑了文化与人的连接方式：IP化生存塑造更具创造力和价值变现力的商业形态，而IP化运营则带来更有效的价值沟通。有价值的IP经由观感到内心，激发消费者的情感共振，完成对消费者的意义赋能和生活态度输出。

IP是Intellectual Property（知识产权）的缩写，指的是人类在社会实践中创造的智力劳动成果的专有权利。但是在新文创中，IP以及IP经济的含义得以拓展。从商业角度来说，IP可以被引申为“可供多维度开发的文化产业产品”，它是有故事性、人格载体的一种新的生产资料。从消费者的角度来说，IP经济代表着某一类标签、符号、文化引起消费者兴趣，进而转化为消费行为的现象。

当前中国的IP经济正处于加速发展中，呈现出全面泛娱乐化的趋势。从被视为中国“IP元年”的2015年起，IP经济出现了现象级爆发，《花千骨》《琅琊榜》等影视作品的热播，为IP经济的爆炸式增长提供了有力支撑。仅以与我国文化IP关系最紧密的版权产业为例，据统计，2013-2018年，中国版权产业的行业增加值从4.27万亿元增长至6.63万亿元，产业规模增长了55%。而今，中国的IP产业已经延伸至影视、游戏、旅游等多个行业，形成了多元化的泛IP产业链。

以2019年从夏天火到冬天的电视剧《陈情令》为例。2019年，电视剧《陈情令》猝不及防地走红了，该影视作品脱胎于2015年墨香铜臭所写的小说《魔道祖师》，还未上映便吸引了一部分书粉。从开播到收官，《陈情令》的微博热搜上榜超过300次，官方微博粉丝达到520万人，是有史以来粉丝最多的电视剧官方微博；其抖音官方账号获赞4840万个，主话题播放107亿次。该电视剧的主演肖战、王一博凭借这部剧一跃成为在商业价值榜上排名前列的一线明星。粉丝们用真情实感和“真金白银”不计成本地为《陈情令》创造出高额利润：4万余支文创周边口红36分钟全网售罄，320万人付费观看国风演唱会，影视原声音乐的销售额突破2000万元。腾讯视频仅仅靠热播期间的超前付费点播就豪赚1.56亿元。可以说，经过出版物、动漫、电视剧、音乐等一系列的产品融合，IP“魔道祖师”收到了良好的市场反馈。

IP经济的大热也使国内IP产业的弊端显露出来。IP产业链不健全、IP的生命周期较短，都使得国内的IP产物如昙花一现，难以成为像迪士尼、哈利·波特这样可以屹立数十年不倒的IP品牌。因此在国内，部分IP影视产物口碑下滑，同时鼓吹“IP失灵论”的声音也层出不穷。

2020年农历春节前后,迪士尼总共为大中华区授权了超过2万个米奇形象产品,涵盖化妆品、服饰、玩具、食品、家居等多个品类，带来了巨大的收益，迪斯尼品牌“IP化”的商业价值之巨大已无须再次证明。每一家中国的文创企业都有个“争当中国迪士尼”的梦，但这个梦最终会被谁实现，现在还是个未知数。

IP经济是上下游产业链条协同变现的产物。IP只是源头和起点，其作用不再被低估，也不应被过分放大。爆款IP的孵化本来就是一个概率事件，有了足够多的产能，才有可能出更多的爆品。一个IP具有从文化到商业的价值过渡路径。迪士尼这个世界最著名的IP，也是经过了几十年一部又一部动画电影的积累之后，才开始尝试戏剧、主题公园、衍生品等其他形式的。与国外几乎伴随几代人成长起来的、生命周期上百年的优质IP相比，中国IP产业普遍存在的问题是IP内容的沉淀不够。与此同时，IP概念被无限炒作、被滥用，也引起了业界关注。市场对IP版权从不屑一顾到狂热疯抢、“洗劫一空”差不多用了三四年的时间，而贬值转卖一旦开了头，价值坍塌也可能只是一瞬间的事。

融合：场景化的数字商业范式

新文创的第二个造物逻辑就是“融合”。时至今日，传统的文化生产和消费关系正在被重建。新的技术定义着新的内容生产方式，数字技术将成为新文创内容生产的核心驱动力。行业的壁垒将被重塑，传统的认知需要重启，融合生长成为新文创未来制胜的关键要素。新文创的融合是线上与线下的融合，是历史与未来的融合，是科技与文化的融合，是文化与旅游的融合，是文化生产者和文化消费者的融合，是文化生产系统与文化商业系统的融合。

当地时间2015年11月3日上午，亚马逊的首家实体书店Amazon Books在美国西雅图市开张。经过长达20年的发展，这个电商巨头开始启用传统方式销售图书。与普通书店有所不同，亚马逊实体店的所有书籍都是封面朝外陈列的，且在下方都有一张黑色卡片，上面附有亚马逊网站客户的评分及书评。而且书上没有标示书价，消费者可以通过Amazon App扫码获取商品价格。实体书店所展示的书籍是基于亚马逊网站用户的评分、预售量、销量、社交阅读网站Goodreads的书籍热门指数，以及管理人士的评估而选出来的。而决定书籍摆放位置的不再是媒体、店员，而是数据。这正是亚马逊所具有的其他实体书店难以企及的优势。

亚马逊实体书店还列出了“读者最喜欢的食谱”“评分在4.5分以上的图书”“亚马逊员工喜爱的书籍”等榜单。而这点也是传统书店的短板——无法得知读者的偏好，最后不得不将卖不动的图书退回给出版商。亚马逊实体书店同时被作为中转仓库使用，实体书店可以暂存顾客购买频率高的书籍，而不用频繁地从库房调货。为了更好地提升销量，摆在实体书店的书籍同时也会在网上进行销售，且线上线下售价相同，消费者无须比价即可享网络优惠折扣。消费者可以使用Kindle、Echo、Fire TV和Fire平板来查阅和购买，店内仅支持信用卡付款。书店通过比对消费者的信用卡信息和会员账号信息，能进一步了解该用户在线下、线上的不同的消费行为。

自2017年收购Whole Foods超市以来，亚马逊陆续推出Amazon Books、Amazon Go、4-star store等实体店，誓要把线上电商落地到线下实体店。亚马逊实体店在不断尝试验证一种在物理世界中使用数据进行销售的模式，一种可以被复制到其他各种商品销售上的数据使用方式。而亚马逊实体店只是这种数据使用方式的第一个样板，就像亚马逊最早开始在网上卖书一样。现在亚马逊回到了物理世界，带着它值得敬畏的技术和数据。

在数字化时代，文化成为商业价值的锚定标的，创意成为新的生产力，数据成为关键的生产要素。随着互联网和物联网的迅猛发展，人与人、人与物、物与物的互联互通得以实现，数据量呈现指数级增长。基于数据的新产品、新模式、新体验不断涌现，因此我们对于新文创的理解，其实都需要加一个前缀——数字化。

数字化商业的趋势是不可逆的。今天的数据已经成为商业逻辑的底层，是企业最重要的资产。但数字技术必须为人提供价值，人才是这个时代最大的场景。从抓取、识别、匹配、追踪，到沉淀、分析、输出，数据精准匹配用户需求的能力日益提升。数据匹配效率和质量的提高促使场景变得越来越精准、越来越贴近用户，使得文化生产的供给结构和消费结构均发生了革命性的变化，最终实现了新文创的产业链与场景流的重构。

连接：人格化的文创重构能力

新文创的第三个造物逻辑就是“连接”。这个时代最典型的文化商业消费场景就是：一个产品在这个“房间”被热烈讨论，但另一个“房间”却对它完全无感。那些能够被多个“房间”同时讨论的爆款产品被称为“破圈”产品或者“现象级”产品，但这也仅仅是现象而非常态。新文创需要回归商业的本质，连接用户的精神需求和情绪主张。很多品牌与用户之间并没有形成深层次的情感连接，而新文创的连接能力决定着其能否形成更具格局的商业价值。只有当连接变得有足够的交互度和强黏度后，变现才会反复实现。

2011年，面向年轻人的移动端社交应用LINE推出LINE FRIENDS卡通贴图。起初创建这些卡通贴图形象是为了让LINE的全球2亿多个活跃用户沟通使用，因为使用卡通贴图，不仅会大大减少打字的麻烦，还使得对话更加有趣，有助于一次性传达用户的感受和情绪。LINE FRIENDS从表情贴图起步，先后设计了11款卡通角色形象。通过表情包、游戏等积累起LINE FRIENDS形象的人气后，LINE于2014年开展了LINE FRIENDS的消费品业务，着手开发LINE FRIENDS玩偶、服装、文具等消费品，并陆续推出实体店、快闪店和网店。目前LINE FRIENDS的消费品横跨生活、文具、玩具、配饰、时尚、电子产品、医药、图书等领域。截至2019年10月，LINE FRIENDS已在全球12个国家及地区开设了超过170家线下体验店。

在中国市场，LINE的即时通信和游戏业务并没有实际展开，但中国的LINE FRIENDS CAFE&STORE却已经开到了第六家。位于上海新天地商圈的SOHO复兴广场，是LINE FRIENDS CAFE&STORE的上海首家店铺所在。从2015年7月开业至今，需排队才能进店的情况仍时有发生，队伍最长能从店门口一直排到五六百米开外，以至于店名LINE FRIENDS也被戏称为“排队，朋友”。

虽然中国用户无法使用LINE的社交产品，但作为其周边衍生的线下零售店在中国却大受欢迎。消费者甚至不用通过核心服务产生黏性，就能神奇地爱上它的周边衍生品。这背后的原因是什么呢？在LINE FRIENDS的市场不断发展壮大的过程中，我们看到的是LINE在人格化的IP形象与消费者之间创造情感连接的能力。

LINE FRIENDS早已不单纯是依附于社交软件的IP形象，在IP内容塑造成功后，其凭借超强的开发能力，成为横跨零售业务、授权业务和内容业务三个板块的IP运营商。

LINE FRIENDS参考了迪士尼卡通形象“米奇和他的朋友们”的运作模式，持续地加入新的角色，并赋予每个角色鲜明的人物性格，让角色与消费者产生情感上的共鸣。目前，LINE FRIENDS家族角色共有十个，且每个形象都被赋予了鲜明的个性。例如，布朗熊是踏实稳重的青年，可妮兔是机灵活泼的女生，也是布朗熊的女朋友等。这也是LINE FRIENDS的IP不断丰富壮大的背后逻辑——很多内容的设置都依托于生活场景，形象设计也都以拟人的状态出现，每一个角色都有自己独特的个性，大家能够在这些角色的互动中找到共鸣，并最大限度地还原线下真实的社交场景。

LINE FRIENDS会定期更新卡通形象，让每一个卡通形象都代表一个类型的消费者，来更好地吸引18~35岁的年轻人。为了更牢固地吸引和黏住这个消费群体，LINE FRIENDS与众多消费品牌进行合作和延伸，想尽一切办法出现在年轻消费者可能会感兴趣的地方。比如优衣库的联名款T恤、施华洛世奇的吊坠、谜尚的气垫BB和睫毛膏、新秀丽的行李箱等——从文具到时尚类产品，LINE FRIENDS一共有大约3300项授权业务。消费者在购买Line Friends产品的同时，也体验了萌趣横生的愉快环境，创造了自媒体传播的潮流，拍照并上传分享到自己的社交网络俨然已经成为他们的一种生活方式。

从2017年开始，LINE FRIENDS从一个零售商逐渐转型为一家以IP授权业务为核心的创意型公司。在网络上拥有高人气的表情贴图已经不仅仅只存在于手机屏幕之中，它们已通过消费品和实体店走进你我的生活中。除了把IP授权给第三方品牌公司去做相关的产品，LINE FRIENDS的IP衍生变现还包括空间授权以及数字化授权等多种途径。空间授权体现在设置在商场等公共空间的IP主题展览，以及各类主题乐园、门店、快闪店等，这种做法可以持续提高IP的存在感和知名度。此前LINE FRIENDS与上海东方明珠合作打造“I AM SALLY限时体验展”，为消费者带来了一场沉浸式的空间体验。数字化授权可应用于动画电影、手机游戏、应用软件等各种渠道，未来还拥有更多的想象空间。

从物理世界的衣食住行玩到虚拟世界的软件应用，视觉认知、衍生产品、场景表达、体验更新都只是新文创的基础能力。新文创的价值不在于当下所贩售的某个产品或某种服务，而在于通过创造能够引发群体性共情的人格化IP，输出差异化的内容，持续连接消费者。强大的消费品开发能力不过是连接IP与消费者的媒介，让IP能在消费者的视野中得到密集曝光，最终在与消费者的“碰撞”中实现其商业价值。

江小白是首个真正让用户主导设计并创造出标准化、规模化产品的企业。这打破了消费者和创造者的边界，让每个平凡的用户都变成了创造者，这是他们自己创造的产品和品牌，他们有情感共鸣和归属感。

从玩法，到产品，再到品牌，江小白的用户共创是新消费时代下用户体验的综合性提升。这并不是务虚的概念，而是“以用户为中心”、C2B等理念的具象化。企业成为一个平台，创造者与消费者在平台上模糊了界限，融为了一体，形成了对接外部的“无边界组织”。

让用户体验向上游扩展，让用户参与到生产中，让用户享受共创的产品，也享受共创的利润，这种玩法有机会把用户体验提升到更高维度，把C2B的模式推向更深的层次。

互动技术解锁内容产业变革

万万没想到，2020年一开年，众多观众心中的新晋女神就变成了一个叫诸葛大力的姑娘。原本大家都以为会“扑街”的《爱情公寓5》的口碑居然低开高走、成功逆袭，网友们在社交平台掀起了巨大的讨论热潮。

而在这波讨论热潮中，除了新晋女神的话题，更多的是关于2020年1月19日上线的第13集互动剧的讨论。该集上线后，会员成为“最成都”的代表，成为外地人来蓉不得不去的“打卡地”之一。相关数据显示，2018年国庆假日期间，宽窄巷子接待游客51.75万人次；2019年春节期间，接待游客38.6万人次，销售额达1218.85万元，同比增长17%。截至2019年底，宽窄巷子年度接待量超过2000万人次。可以思考一下，在一个有限的商业建筑空间内，每年接待2000万人次左右的游客，这是否一定是件“好事”？

“好事”与“坏事”当然是一个十分主观的评价。对于国内大多数同类项目而言，2000万人次的游客量还是个可望而不可即的成绩。人气就是知名度，就是影响力，就是看得见的收益和讲不完的资本故事。但对于那2000万名游客中的一个个体而言，可能感受更多的是人挤人、物价高、体验差。甚至在外地游客被“挤爆”的时候，本地人说：“我们平常基本不去那里消费。”

宽窄巷子是一个实践成都慢生活的场所，可以满足客户的消费体验和社交需求。人的消费过程就是与场景的互动过程，简单来说，“有体验才会有消费”。人挤人的直接影响就是，看热闹的多，真消费的少。消费者被人流裹挟着从街头转到巷尾，连找个站稳脚跟的地方都难，辗转再三还是只能去别处消费。周边的奎星楼街、小通巷栅子街、支矶石街、泡桐树街、实业街、吉祥街等几条老街区，也纷纷享受了宽窄巷子外溢的人气红利，争先恐后地打出文化创意街区的招牌，几十家小而精致的网红餐饮店等着游客前来打卡。

从传统历史文化街区的商业模式上来看，它们的主要盈利方式基本上都和“空间”有关——包括租赁收益、物管佣金收益、旅游服务收益等。商业建筑面积的大小决定着街区整体收益天花板的高低。毫无疑问，作为景区的宽窄巷子已经遭遇了物理发展的天花板。2018年12月，宽窄巷子被列为全国高品位步行街9个首批试点项目之一。成都市委要求以培育国际消费中心品牌和巩固中西部消费中心地位为主线，将试点项目做出成都品质。于是，宽窄巷子项目的运营团队得以在“空间”上寻求更大的突破。那么问题来了，假设给宽窄巷子增加一倍甚至两三倍的建筑面积，它的发展难题就全部迎刃而解了吗？

这个问题或许不难回答。我们再来看看故宫博物院。原院长单霁翔在亚布力中国企业家论坛第十九届年会上晒出故宫账单：2017年门票收入8亿元，故宫文创销售收入达到15亿元。数据显示，2009年，故宫博物院年度接待观众人次突破1000万，之后每年的观众人次都以百万级持续增加，到2018年突破1700万。作为一家曾经以门票收入为主的文博单位，故宫近年来通过包装营销、管理提升、挖掘潜力、文创开发等措施，成功地将自己打造成“超级IP”，为自身带来了巨大的流量收益。

IP的商业价值之巨大已无须证明，故宫文创的巨大收益也佐证了市场对文创产品的广泛接受度。如果说历史建筑和传统文化是“超级IP”的起点，那么故宫已经走出了一条“超级IP商业化”的进阶道路。文博项目要实现强大的资本属性，单靠物理空间还远远不够，捕获更多人的注意需要新文创价值链运营。

一说到新文创，很多人首先会想到文创产品。国人对文创产品的印象大多还停留在丽江、大理、阳朔、凤凰、鼓浪屿等景区的商业街上，这些地方售卖的文创产品大同小异。现在国内许多地方在搞文创，但大多还处于复制与被复制、模仿与被模仿的阶段，缺乏独特性、差异性和生命力。有人评价说，故宫文创的成功，不是单点上的创意突围，是“利用IP、借助文创、系统布局、面向市场、整合元素、开发精品、贴近民生、影响生活”的整体创新。

宽窄巷子和故宫相比，从城市地标的维度上来讲是相似的。故宫突破自身的“物理围墙”，以一种娱乐化的姿态走进人们的生活，其流量变现的经验非常值得宽窄巷子借鉴学习。当然，IP的价值链开发显然不是一件容易的事情。2008年，故宫文化创意中心成立，走了十余年才真正突破体制、运营、市场等局限，在不断试错中获得向外生长的力量。而对于国内大多数坐拥浩瀚资源的文博事业单位而言，虽然他们身处丰饶之中，却在市场化道路上“忍饥挨饿”。

“宽窄新文创”之路，核心就是基于宽窄巷子IP价值的商业化运作。通过构建以“宽窄巷子IP”为核心的全新文化生产方式，实现文化价值与产业价值的良性循环，推动宽窄巷子进入新文创时代。作为西部地区最知名的人文地理符号，宽窄巷子既有IP内核的独特性，又有IP适用的局限性。之前宽窄巷子也有向外地品牌输出的成功案例，但并没有打造出第二个具有影响力的品牌。因为它的输出逻辑依然是打造传统商业街区的模式，受限于当地的城市能力、地段选址、建筑设计、业态招商、后期运维等诸多不可控因素，物理层面的宽窄巷子变得“无法复制”。

此外，陆续也有各种各样的品牌商找上门来与宽窄巷子做跨界联名，最终结果是有一定收益但反响不大。直到2019年，宽窄巷子仍然处于IP授权的前期探索阶段。在长达一年的时间里，围绕宽窄巷子的文化梳理工作持续推进，运营团队从专家学者们总结出的上百页文化内容中，最终选定方向开发原创图库，并且完善了所有原创作品的知识产权确权工作。在这些开发准备工作就绪之时，作为景区的宽窄巷子与作为IP的宽窄巷子开始分离。成都文旅集团专门成立了宽窄文创产业投资集团公司，目的就是以专业化的团队来实现宽窄巷子的新文创价值链运营。当作为景区的物质资产升值空间遇见瓶颈的时候，非物质的符号、意义、情绪等更高层次的流动将成为突破点，重新连接起从消费端、内容端、产品端到销售端的商业链条。效果几何，尚待时间检验。但毫无疑问的是，宽窄巷子真正地迈向了全新的文化生产与消费的商业运营探索道路。

那么新文创价值链究竟为何物？1985年，波特在其著名的《竞争优势》一书中率先提出价值链的概念。波特将价值链定义为从原材料的选取到最终产品送至消费者手中的一系列价值创造的过程。

价值链作为一种分析的工具，在企业战略分析中，已经超越了企业的边界而扩展到供应商和分销商，涵盖了企业外部价值链和内部价值链。外部价值链分析包括供应链分析和顾客链分析；内部价值链分析包括研发、生产和营销分析。

任何一个公司都无法独立生存，它总是在一个明确的产业链条中。每一个企业都是在设计、生产、销售、发送其产品的过程中进行种种活动的集合体。一个企业要具有竞争力，必须创建自己高效的价值链。因为企业之间的竞争不单是企业单体之间的竞争，还是企业所处的价值链之间的竞争。

自工业革命以来，价值链变革的大趋势是裂变，即从一体化向企业内部的专业化分工，再进一步向企业外部的专业化分工转变，企业价值链也逐渐演变为产业价值链，规模制造、规模分销、规模物流和规模消费成为主流范式。专业化、规模化和协同化促进了规模经济和范围经济的发展，甚至推动了产业链的区域集群，从而形成了全球产业链的格局。随着新一代信息技术的发展，人工智能、物联网和区块链等技术嵌入到全球生产网络的各个环节，提升了价值创造的速度和价值增值的水平，进而推动着全球价值链重塑。

相比传统制造业的全球价值链体系，新文创改变的是整个文化产品的价值创造过程，而非单一环节的效率提升。新文创价值链在全球化垂直分工、全球化空间布局、全球化运营管理以及全球化利益分配基础上，实现文化创意产品或服务从创意设计、技术研发到生产制作、市场营销、交付消费等的增值循环。新文创作为数字化时代的文化生产方式，从文化资源的发掘与整理开始，到形成环环相扣的价值链，有效保障了各价值活动环节的有效衔接和整体价值的最优化。

新文创的价值链是一个知识密集型的链式组合结构，由资源开发、符号转化、IP授权、内容应用、生产制造、营销推广、价值消费七个环节构成。我们可以把新文创的价值链看成新文创产品全生命周期化运营的过程。不同文化内容的价值形成与增值路径不尽相同，但其核心目的在于将文化内容拓展为一个更具广泛应用的多媒介IP，使得文化内容的跨界价值生成、转换和再创造成为可能，从而实现文创生态联动和价值变现，这是传统价值链无法企及的。

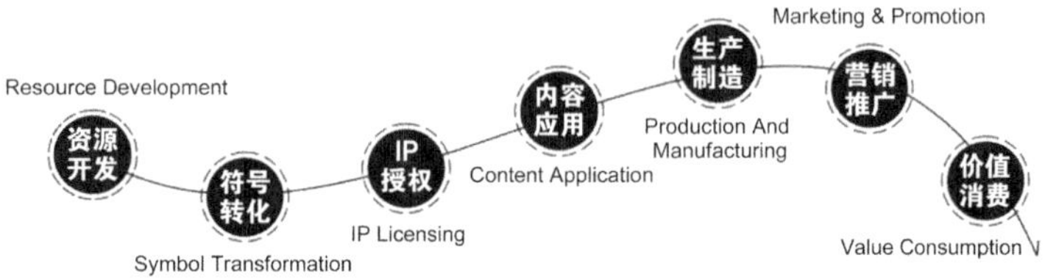

新文创价值链运营

新文创价值链开发阶段
价值活动：资源开发、符号转化、IP授权

新文创总在不断创造需求，然后予以满足。新鲜的文化商品被快速而大量地制造出来，就像五彩斑斓的泡沫将消费者淹没。没有谁能够阻止泡沫前赴后继地破裂，但人们总能制造出更多的泡沫。

作为新文创价值链的最前端，资源开发环节首先需要做的是文化内容的发掘与整理，这也是文化价值的开发整合过程。通过开发与整合，文化价值得以凸显。在符号转化环节，文化资源被转化为特定的文化符号，文化价值也将凝聚于这一特殊的文化资产中。生成文化符号的过程也是文化艺术作品的创作过程，经过此过程，文化符号具有了特定的知识产权价值，具备了作为特殊资本的形态，形成了潜在的经济价值。伴随着确权及授权环节的进行，知识产权实现了转移，授权标的物的文化价值得到传播，经济价值得以提升。

新文创价值链开发阶段要以满足用户需求为出发点，着力挖掘用户痛点，从而寻找能够满足用户需求和市场需求的切入点。深入挖掘文化资源，选择一个能够以多种形式展现出来并且受到消费者喜爱的内容，推动文化符号核心要素的创意化表达、人格化设计、精准化传播。

新文创价值链转化阶段
价值活动：内容应用、生产制造、营销推广

通过确权与授权，文化符号具备了向其他产品和服务渗透、融合的潜质，内容应用环节因此成为新文创价值链附加价值形成的关键环节。生产制造和营销推广环节是价值的生产与流通环节，随着内容创意应用于不同的产品和服务，其价值将沉淀下来，经过营销推广而实现传播。

新文创价值链转化阶段的核心在于确立文化符号的IP化表达，赋予文化符号以性格、故事、内容，促进内容创意和公共服务的内生增长，扩大新文创品牌的影响力和辐射力。价值转化需要创新运营机制，使价值链上下游各方转变为新文创品牌的策略执行者、价值生产者和问题解决者，甚至也可以直接让消费者参与到IP的创作和扩散中，形成共建共享品牌治理的格局。消费者对于IP的再创作并不会过多地减少其他人对IP消费的可能性，反而会为原始IP带来更大的曝光度和声量传播。

在整个转化阶段中，实力强弱不一的企业都充当着环和链的作用，共同构成了新文创价值链的流动价值。搞清楚我们处在价值链的哪一个环节、具体提供什么价值很重要。围绕新文创的IP塑造，行业的协作、产业的逻辑以及整个商业生态都发生了积极的、巨大的改变。各相关领域也通过生态化的共生，获得了更大的发展空间。

新文创价值链消费阶段
价值活动：价值消费

对于新文创的核心消费人群而言，他们比较正向的消费心路历程大体上会分为3个阶段：探索中的“种草”、消费中的“拔草”、消费后的反馈，而拍照分享作为全程贯穿的动作始终存在。整个新文创产品的价值消费过程，同时也是内容体验的过程，是文化内容再生产和文化价值再创造的过程。消费者与产品的互动数量，反映出价值链转化的能量强度。

新文创价值链消费阶段最终实现了标的物文化价值和经济价值向市场价值的转化，满足了人们的内在需求。用户的价值消费行为将文化产品从生产者处转移到消费者处，在这个过程中实现了文化产品的市场价值，也完成了文化产品从“虚无缥缈”的“想法”到“实实在在”的“享受”的整个价值创造与消费的过程。

归根结底，新文创价值链并不是静止不动的完美系统，而是一个打破平衡又再平衡的过程，永无止境，与问题共存，随变化起舞。有些人能够以不变应万变，有些人能够以变化应对变化。

PART III

探索中国新文创

“诗人仅需仰望天空抒发情怀，而逻辑学家却要探索天空寻找其中的秘密。”

——G·K·切斯特

新文创是新时代的文化生产方式。

从全球文化产品的生产与消费来看，无论好莱坞的崛起，还是韩流、日漫的流行，基本上都是国内整体经济进入平稳发展期后引发的文化产业大繁荣。跨国文化产业巨头们经过规模空前的兼并重组和战略联盟，将业务触角伸进了几乎所有文化生产的领域，包括但不限于电影制片、图书出版、音乐制作、频道经营、网络开发、零售商店、主题公园、杂志报纸等。这些巨头们大多都在某些领域占据绝对性的优势，又在其他领域与其他巨头合作，共同形成了全球文化产业领域的“第一板块”。在较长一段时间里，中国文化产业采取的都是“跟随型”发展战略。不过随着互联网基础设施、技术能力的完善，文化产业作为中国经济发展的重要组成部分，也进入了“新常态”下的高质量发展阶段。

基于巨大的消费市场和完整的产业链优势，中国自2011年正式提出“文化强国”战略，此后，文化产业对国民经济的贡献率不断增长，文化产业增加值占GDP的比重呈现逐年增加趋势。受益于移动互联网的快速发展，中国互联网企业率先在新文创领域进行了积极的探索。2012年，腾讯公司在业界首倡“泛娱乐”战略，并基于此战略逐步构建了一个打通游戏、文学、动漫、影视、戏剧等多种文创业务领域的互动娱乐新生态，初步打造出“同一明星IP、多种文化创意产品体验”的创新业态。随着腾讯“泛娱乐”战略的推行，这一概念逐渐被业界共同认可和共同实践。同时，“泛娱乐”的理念也受到了大众的广泛关注以及国家主管部门的支持。2014年，“泛娱乐”一词被文化部等中央部委的行业报告收录并重点提及。根据相关统计，从2011年到2017年，“泛娱乐”的核心产值实现了几何级攀升，总产值由1888亿元增加至5484亿元。商业上的成功，让腾讯看到了以IP构建为代表的文化资源还有极大的开发空间。2018年，腾讯在“泛娱乐”战略基础上，进一步提出“新文创”战略构思——通过更广泛的主体连接，推动文化价值和产业价值的互相赋能，共同打造中国文化符号。当下，基于对数字文化产业发展态势的深刻洞察，品牌和IP的合作边界不断延展，为全球新文创开发提供了极具价值的参考范本和实践路径。

新与旧、传统与现代、主流与边缘的界线正在消失，关系不断重构。在未来广泛的空间和领域里，中国新文创必将发挥更大的价值。

第七章

中国符号：时代流变中的持续进化

今天的乌镇是中国江南水乡的“封面”。在全国单个景区的排名中，无论游客人数，还是综合效益，乌镇都排在第一位。回望历史，地外三市交界的乌镇曾被称为“三不管”地带，一度是个闭塞的小镇，这使得乌镇的古建筑得以完整保存下来。交通闭塞的问题直到20世纪90年代初才得以解决，那时候的乌镇完全看不到任何江南文化重镇的活力，据说年轻人几乎都走光了，只剩下几户老人。1999年，时任桐乡市政府办公室主任的陈向宏调任到乌镇，开始成立乌镇旅游公司，进行系统性的古镇保护和旅游开发工程。

从一个几近颓败没落的古镇发展为具有影响力的旅游目的地，再成长为一个现代化的互联网新镇，乌镇的故事，已经有过数次迭代进化。乌镇的成功，不只在于挖掘一个小镇固有的文化资源，还在于不断开发、导入新的文化基因和文化要素，形成乌镇IP符号可持续发展的生命力。

“木心”是乌镇挖掘到的第一个IP。那时候的乌镇虽然有淳朴秀美的水乡风景、风味独特的美食佳肴，但旅游业态几乎为零。在初步复建了部分乌镇景区之后，乌镇的开发还远远落后于其他古镇。周边的印象西塘、水乡周庄，都早已名声在外，与此同时，全国各地旅游景点建设也遍地开花。在2000年读到木心的散文《乌镇》后，陈向鸿便决定找到他，并将他请回故乡定居。对乌镇而言，木心是乌镇文化在世的象征，他走后，为乌镇留下的是宝贵的人文财富。于是2015年底乌镇有了木心美术馆。木心美术馆由建筑大师贝聿铭的弟子，美国OLI建筑设计事务所的合伙人冈本博、林兵设计，内部景观由法国博物馆景观设计师法比恩设计。木心美术馆永久性地集中展示木心的艺术创作，也会持续展出对他有影响的艺术家的作品。

木心先生曾经讲过，乌镇要想有更长久的未来，就要做文艺复兴的事情。而所谓的文艺复兴，就是对生命、对生活和对人的兴趣，陈向宏深以为然。2013年，由陈向宏、黄磊、赖声川、孟京辉共同发起，耗费四年时间筹备的“乌镇戏剧节”成功举办，这是乌镇挖掘到的第二个IP。虽然第一届戏剧节遭受的质疑很多，但是如今它已经成为国内最专业和最受瞩目的戏剧节之一，每年有来自十几个国家、几百个演出团体在乌镇的大街小巷上演精彩演出，演出规模每年至少达到数千场。乌镇的孩子是幸福的，在年幼的时候，就能够在家门口看到美术馆、戏剧节。相信到几十年甚至几百年以后，美术馆和戏剧节也将成为乌镇的历史，成为乌镇的文化积淀。

乌镇选择戏剧节本质上是传统旅游景区转变发展思路，谋求文化产业与旅游产业融合的结果。乌镇依靠已有的旅游品牌，引入操作模式成熟的文化节庆理念，借助独特的自然资源及文化遗产，将产业融合的空间转化成带有独特性的文化空间，进而形成旅游文化产品的最大差异。乌镇前瞻性地以艺术作为文化与旅游融合互动的契合点，使其从一众传统观光型古镇中脱颖而出。

2014年，首届世界互联网大会在乌镇举办，这是乌镇寻找到的第三个IP，乌镇也成为世界互联网大会永久会址。大会结束后，相关部门围绕世界互联网大会永久会址的定位，做出了一系列部署，甚至重新调整了乌镇城镇总体规划。从那时起，乌镇的白墙黛瓦、小桥流水、桨声灯影、长街深巷与飞速发展的互联网现代科技完美结合，有着千年历史的文化古镇与现代文明相互交融，使之成为世界名镇。世界互联网大会的召开，给乌镇带来了全方位、深层次的变化，乌镇的城市形态、城市功能都得到了很大的改变。乌镇的互联网产业开始蓬勃发展。

2012年，乌镇便实现了无线网全覆盖，第一家淘宝乌镇旅游旗舰店也顺利面市。2016年初，桐乡市承接了工业和信息化部、浙江省政府的“基于宽带移动互联网的智能汽车、智慧交通应用示范项目”。在该项目已建成的一期成果“国内首条智能驾驶示范路”——乌镇子夜路延伸段上，已经完成了多项辅助驾驶和自动驾驶的研究与测试。

“一样的古镇，不一样的乌镇”。乌镇的IP符号从最开始极具中国意象的“江南水乡”，转变为后来的“戏剧节”“世界互联网大会”等。乌镇的外在依然是传统的古旧老城，然后里面被不断地装进了新东西。乌镇从观光小镇到度假小镇再到文化小镇，其核心是从资源产品和精神形态上制造差异，打造新的商业模式，形成竞争壁垒。与其他古镇开发者以现代材料兴建仿古建筑的思维不同，陈向宏以四处搜罗周边古镇拆迁留下的建筑材料的方式实现了乌镇的修复如旧，同时辅以整体搬迁、限制回流和集团化管理，确保了乌镇的标准化管理。

中国文化产业在发展，但仍需更努力地发展。这一点已经形成业内共识。现在的世界对中国充满了好奇，一方面，我们已经成为世界第二大经济体；但另一方面，在文化上，很多人对中国的认知可能还停留在熊猫或者功夫上。中国地域辽阔，民族众多，传统文化丰富多元。中华5000年的历史文脉为新文创的实施沉淀了一个巨大的文化宝库。中华文化符号和东方美学穿越千年的风华，深深渗透在每一个中国人的血脉之中。许多经典文化符号（如故宫、敦煌）、文化典籍里的角色形象（如孙悟空、诸葛亮等）已成为每一个中华儿女的文化“基因”。中国元素在消费者中的认知度逐年上升，茶、汉服、京剧这些中国元素的代表，每每出现都能引起很高的关注度。但坦率说，在全球范围内有广泛认知，尤其是受到年轻人喜爱的中国文化符号，还非常少。

文化是流动的、变化的、可塑的，传统文化之所以可以流传下来，是因为它适应了不同时代的需要，被不断注入了属于不同时代的活力。中国新文创的符号塑造需要基于人类共通的正向价值观，需要不断贴近时代的脉络，更有效地适应当下的语境与市场，在岁月流变中持续进化。

第八章

时代故事：人非由故事不能抵达纵深

有一种生活，叫作李子柒式生活。

截至2020年3月，李子柒的YouTube频道订阅者突破1000万人，粉丝数量远超过BBC、FoxNews等媒体，视频总播放量达到13.45亿次。同时，她引起了中国官媒的关注。“央视新闻”认为：“没有一个字夸中国好，但是它讲了中国文化，讲了中国故事，今天起，像李子柒一样热爱生活，活出中国人的精彩和自信。”《中国新闻周刊》将她评为“2019年度文化传播人物”，颁奖词里说：“她是一位现实中的造梦者，也是一位让梦想成真的普通人，在乡间山野之间，她把中国人传统而本真的生活方式呈现出来……”

1990年，李子柒出生于四川绵阳。2015年，李子柒开了一个淘宝店，但销量不佳，为了吸引粉丝，她开始着手自拍自导美食视频。虽然淘宝店并没有起死回生，但她的视频却大受欢迎。于是她干脆关掉淘宝店，专心做起视频来。李子柒的视频讲述的都是中国传统田园生活的场景。视频追根溯源，演绎传统美食和手作工艺从无到有的过程，用田园作基底，再用李子柒独有的风格进行渲染，向世界展示了别有味道的中华文化。通过多维度地进行中华文化符号的拼接，一个不为人熟知的中国形象便跃然而出。外国网友喜爱并评价说："她在重新向全世界介绍，被我们忘记的那些中国文化、艺术和智慧。"

李子柒视频里静谧安逸、田园牧歌般的生活，给人一种虽不能至，心向往之的感受。有国外媒体记者撰文说："她的厨房跟我在洛杉矶的厨房完全不一样。但是一边用笔记本电脑看李子柒，一边吃着奶油爆米花当晚餐，我想我或许也可以像她那样快乐地生活，沉浸在乡村纯粹的自然之美当中，忠诚地使用极为传统的烹饪方式。"在李子柒的视频下方的留言中，出现频率最高的词是"感谢"。李子柒在视频中很少说话，甚至都不以全脸见人，但并没有阻止人们对她的赞美，"谢谢她把这样的生活分享给我们""看她的视频能感到从未有过的宁静"。最夸张的一个是，"积极起来洗澡，打扫卫生，告别过去5年的邋遢生活"。可见在"归园田居"这件事上，世界人民达到了前所未有的统一。李子柒原本只是想带货糊口，但她展现出的那些田园牧歌式的中式乡村生活之美，让人赏心悦目，安抚了世界各地疲于奔命的人。

2019年12月6日，有关“李子柒是不是文化输出”的话题上了微博热搜，阅读量达到了7.5亿次。文化当然不是大豆或者电子产品那样实际存在的产品，说输出就输出，说抵制就抵制。信息爆炸的今天，文化能且只能靠自身的魅力吸引人。当下，一个国家的文化内容和潮流IP可以在全世界无边界传播，同时，每个国家的本土文化也会遭到外来文化的冲击。日本动漫和美国大片并不全都是为了输出意识形态而生产制作的，是观众们自愿目不转睛地盯着它们又哭又笑好几个钟头的。

客观来说，当前中国在国际传播能力上还存在短板，文化走出去的方式还相对单一。中国文化是一条澎湃向前的大河，每一个河段都有着丰富内涵和不同面向，既有五千年文明累积出的肥沃土壤，也有现代化发展带来的日新月异。把这样一个博大精深而又复杂多样的中国故事讲好，并不容易，需要尊重传播规律、用现代人接受的方式进行。

从古至今，文化通过故事来被记录、被诠释、被创造，故事又搭载着不同的媒介将文化传播出去。新文创的特点之一便是围绕着同一个故事内核形成多元演绎。多元演绎包含着创作形式的多元和创作时期的多元。故事与多元演绎，或者说一个能被多元演绎的故事，可以看成是IP由文化价值向商业价值过渡的转化层。

每一个成功的故事都有共性——那就是具有共情感，比如有令人熟悉、易于理解的元素，能够唤起人们的代入感，能够激发情感共鸣，或者有一个积极的、引人向往的结局。只有人们接纳并喜欢的故事，才能够获得较长的传播生命周期和商业价值生命周期。具有共情感的故事，其文化内涵的来源之一即为文化母题。文化母题是一种原型，一种存在的现象。所谓“经典即永恒”，永恒的经典指的便是不以时空变化而改变的人与自己、人与人、人与外界的关系模板、情绪模板、行为模板。从古到今，戏剧、文学、影视作品中不乏沿用同样的母题讲述不同的故事、表达不同的价值观的例子，比如《罗密欧与朱丽叶》与《大话西游》都是关于“爱情”主题的；《简·爱》与《冰雪奇缘》讲述的都是“女性抗争”主题；《俄狄浦斯王》与《哪吒之魔童降世》讲述的都是“命运”主题。一个故事中的人物、关系、故事架构等均是围绕着母题这一核心进行设计的。

故事千变万化，母题不离其宗，最终直指人性。太阳底下没有新鲜事，人类的七情六欲、喜怒哀乐从未改变。而中国几千年来的文学艺术作品中渗透着先民的生命经验和伦理法则，也蕴藏着世界共通的人性感悟。中国故事，需要不断挖掘传统文化的母题，在当代的故事塑造中不断激活和唤醒这些叙事原型和文化“基因”，从而引起当代人的情感共鸣和文化认同。新文创的故事塑造，要接入全球文化生产体系之中，挖掘人类亘古不变的情感和人性，建立跨越时空的故事世界，才能具有感动人心、唤醒人性的文化力量。

第九章

全球表达：跨越不同文化之间的鸿沟

“Hello，Daoist”，在阅文的海外门户起点国际（Webnovel）上，海外网文爱好者自创的“Daoist”（道友）一词曾被用作网页欢迎词。这一颇具“中国风”的英文单词现已成为海外网文粉丝的代名词，这正是网文出海的直接缩影。

有人把中国网络文学、美国好莱坞大片、日本动漫以及韩国电视剧并称为当下的“世界四大文化奇观”。中国的网文写手们似乎写着写着，就从小众、边缘写成了主流和历史，写出了中国，走向了世界。如果从海外读者通过海外出版授权，接触到中国网络小说开始算起，距离中国网文首次出海已有十几年的时间。据艾瑞咨询《中国网络文学出海白皮书》，2004年，起点中文网开始向全世界出售网络小说版权，海外读者通过海外出版授权接触到了中国网络文学。不少海外读者出于喜爱，开始自发翻译中国网文，继而传播到更多受众群体当中，逐渐开启了网文出海的早期时代。

2014年，一家名为Wuxiaworld（武侠世界）的平台最早将网文翻译给海外读者。创立仅2年后，Wuxiaworld的网站流量便有着不俗的表现：日均访问者为76万人，日均页面访问量达到1449.22万次，位居Alexa全球网站排名第954位。2016年年底，中国网文巨头阅文集团同Wuxiaworld签署了十年期翻译和电子出版合作协议，初步达成了20部作品的合作协议。也是在那个时候，作为中国网文巨头的阅文集团，看到了网文出海的机遇。2017年5月，阅文集团推出了面向海外的门户网站起点国际，正式开启了中国网文的输出之路。此外，Gravity Tales、XianXiaDream、WuXiaLeagu等中国网文英翻网站也都纷纷上线。各个平台开始规模化提供翻译作品，海外读者有了更加便捷的阅读渠道。截至目前，阅文集团旗下的起点中文网等多家网站的原创小说已向日本、韩国、泰国、越南、美国、英国、法国、土耳其等多国授权数字出版和实体图书出版，涉及7个语种，20余家合作方，授权作品达300余部，网文出海成绩斐然。

艾瑞数据显示，2017年中国网络文学海外网文用户总数超过700万，读者人数排名前五位的国家分别为美国（20.9%）、巴西（7.4%）、印度（6.7%）、加拿大（5.5%）和印度尼西亚

（5.4%）。预计在不久的将来，东南亚地区用户将超过1.5亿人，欧洲地区用户将超过3亿人，而美洲地区的潜在用户将达4亿人以上。

事实上，网文能够风靡海外，是许多人意料之外的。因为直到现在，还有很多人固执地认为网络文学是“粗鄙的、没有内涵的”，但它在海外的受欢迎程度，却让这些人都大吃一惊。那么，为什么众多精心创作的文学作品在海外反响寥寥，而这些网文却能够风靡呢？

首先，人们对娱乐文化有着天然的接受度。网文能带给人一种欲罢不能的“爽感”，里面“废柴逆袭”“剧情反转”等套路屡试不爽。这些套路是众多作者与数千万名读者“协同创作”出来的，是能够直击人性的。除了网文本身的套路激发了读者阅读“爽感”，里面神秘的东方文化也是让网文在海外备受追捧的重要原因。几乎所有玄幻仙侠网文的背景、世界观、招式和境界都是在中国传统文化的依托下设定的。即便是像《斗破苍穹》这种完全异界架空类的网文，其境界等级中的斗气、斗灵、斗圣等概念也是具有强烈的东方色彩的。所以对海外读者来说，网文中的血统、家族政治、修真、炼体等内容，都属于闻所未闻的“异域猎奇风物”。

Youtube的一位“up主”总结中国网文的套路：

（1）主角和天才女孩订婚，然后被悔婚；

（2）主角能在树林里遇到一个身怀绝技的女孩；

（3）主角掉下悬崖，大难不死，练就一门绝技；

（4）主角的形象总是故意被削弱，以方便他在后期慢慢成长；

（5）主角从现代穿越过去，所以有很多别人没有的知识，能力很强；

…………

对于外国人来说，优秀的中国网文就像一部快节奏的动作片。这部动作片里有逻辑缜密的古代背景和人物丰富的武侠世界。玄幻一脉衍生出的各种门类，构成了一个比漫威世界更宏伟的架空世界，让无数读者沉醉其中。

在日本这样的动漫大国，改编自《从前有座灵剑山》《全职高手》等网络小说的动漫和图书也得到了日本动漫迷的喜爱和认可，并拥有了相当规模的粉丝。《鬼吹灯》的英文版图书已由美国兰登书屋出版，一时间成为海外年轻读者中抢手的探险小说。在泰国的街头书店，我们也能看见《将夜》《凤囚凰》《鬼吹灯》《扶摇皇后》等中国网文实体书的火爆身影。

仅仅停留在将中国网文翻译阶段，并不能体现网文出海的生命力。到了网文出海后期，网文平台开始尝试本土化运营，培养海外原创作者，用当地语言进行创作，生产更符合当地受众阅读习惯的作品。一时间，网文平台上增加了很多海外原创作品，也吸引了更多本地读者。24岁的西班牙软件工程师阿莱米亚，在起点国际开放原创功能之后，尝试性地发布了第一部作品《最终愿望系统》。该作品长期排在原创作品推荐榜前列，并成为网站首部签约进入付费阅读模式的原创作品。像阿莱米亚这样怀揣网文梦想并开启写作的年轻人不在少数，经过了一年多的发展，起点国际的平台上已有3万多位海外作者，审核上线了5万多部原创英文作品。

与此同时，由网文IP改编的影视剧也收割了大批“海外粉”。不少没有读过原著的剧迷翻出了小说，重温剧中情节。影视剧的热播让网文原著再度翻红。在中国观众每周乐此不疲地等待着剧集更新的时候，海外观众也加入了追剧大军，这些“催更”的海外观众，都在等待着中国电视剧的“上新”。由唐七公子“三生三世系列”改编的《三生三世枕上书》，通过仙恋题材表达了东方情感，在WeTV、Rakuten Viki、Viu等海外发行平台上线后，引发了海外观众的追剧热潮，连续多周位居泰国、印尼、越南、菲律宾、马来西亚视频平台周播量第一。

如今，中国网文出海不仅仅局限于文字，也逐渐拓展了有声书、漫画、游戏、影视、手游等多种形式。由阅文集团独家IP《凰权》改编的电视剧《天盛长歌》已经成为Netflix以“Netflix原创剧集”（Netflix Original Series）最高级别预购的第一部中国古装大剧，该剧正在被Netflix翻译成十几种语言，让世界观众们感受中华文化灿烂底蕴的同时，更将“仁义礼智信”等中华传统精神传播到全世界。

随着网文出海的不断演进，整个产业链分工更加细化，每个流程都有专业的团队提供服务，例如网文翻译、版权代理、海外推广等，这些都将推动整个网文出海的深入发展，从而有效打造更加完整的产业生态。值得一提的是，翻译是中国网络文学“走出去”首要解决的问题，翻译水平的高低和速度的快慢是网文打开海外市场的关键。一名专业翻译平均一年只能完成150万字，费用高昂。得益于人工智能技术的发展，网文也渐渐开始有AI翻译介入，其中最引人关注的企业当属推文科技。

2018年7月，推文科技自主研发完成全球首个网络文学AI翻译系统，一秒钟翻译1000字，在没有人工审校的情况下，内容质量就可达出版标准，使行业效率提高了3600倍，成本降低至原来的1%。作为中国网文出海主打AI解决方案的互联网企业，推文科技正在实现网文内容的大规模输出。截至2019年7月，推文科技平台日更中翻英网文小说已经突破2600部，对比2015-2017年，三年内国内出海的网文还不到500部，其效率之高，可见一斑。

网络文学出海仍然处在不断发展的过程中。作为一种极具中国特色的文化形式，网络文学对海外市场有着极强的吸引力，同时又因为自身深厚的“好故事”属性，能够被海外读者广泛接受。相比底蕴深厚的传统文化、文学作品和艺术形式，消费动漫作品、网络文学和超级英雄所需要的学习成本很低，也更容易打动人。好的内容是无国界的，好的文创形式是无国界的。好的内容会吸引一批又一批的爱好者和产业伙伴参与到各个环节中，由此产生一个正向循环的生态圈。网文出海不是简单的作品出海、产品出海，而是生态落地、文化出海。

第十章

弥合共生：新文创系统化运营范式

新文创的应用场景有多大？对于腾讯IEG新文创团队而言，他们面对的是一个面积超过39万平方千米、旅游产值已经接近9000亿元的大省，他们期待新文创能赋予它全新的活力。

2017年，腾讯与云南省政府共同成立腾云公司。两年时间里，双方完成了以“一部手机游云南”为代表的智慧旅游基础设施建设。2019年，云南省政府希望能够在文化维度上有更多设计和内容引入，进一步提升云南文旅的整体形象和生动体验。云南成为新文创连接和实践的新对象。很快，腾讯围绕云南文旅升级，成立了一个包含IEG新文创团队、创意设计部和CSIG文旅四部的虚拟项目组，并开始具体工作的筹备。

从泛娱乐到新文创，基于在内容领域的广泛布局和IP打造上的长期实践，腾讯内部早已形成一个金字塔结构的IP价值开发方法论，从上至下包括价值观/世界观、个性、故事、多元演绎和商业价值变现等多个层级。但是如何将一个省打造成一个IP？如何让新文创助力云南文旅转型升级？这对合作双方来说都是一个新的领域和新的课题。

提到云南，能够带给人们的联想是很丰富的，同时又是很平均的。云南拥有悠久历史、丰富地貌和多元民族文化，同时作为最早参与旅游业开发的旅游大省，也一度成为国内外游客最热衷的旅游目的地之一。随着全球旅游业开放程度越来越高，国内外旅游目的地与旅游产品的更迭、升级日益频繁，市场竞争异常激烈，云南的先发优势已经难以弥补后发实力的不足。云南的美，似乎被固化在几个经典的旅游线路和网红旅游目的地之中。如何在数字化时代，将云南历史文化中宝贵的价值更好地传递出来？云南文旅期待通过新文创“破局”。

千百年来，地处边疆地区的云南孕育出了一种多元而包容的文化氛围，不同民族和谐共存、交汇融合，催生出云南别具风味的意象。破局之困难恰恰来自云南过于丰富的要素。项目组希望从中进行更高维度的价值和情感的提炼，最终他们意识到，自然主义美学是云南所有文化背后的统一美学基础。“云南的名字起源于彩云之南，本身就和自然风物有关，它有丰富的地貌和生物，当地的很多建筑也是因地制宜建造的，自然主义美学是云南的特色。”

仅仅提炼出“自然主义美学”仍然不够，价值观的提炼最终是为了引起更多普通受众的情感共鸣的，团队需要为这个过于学术的表达找到一个更接地气的说法，他们最终选择了“自在”。“自在云南”作为新文创重塑云南IP的核心价值观被最终确立。

在明确了“自在云南”这一核心价值观后，项目组立刻投入到对云南文旅形象IP角色的设计中。在腾讯新文创的IP金字塔框架里，IP个性的重要性和优先级仅次于价值观，而角色形象正是IP个性中最重要的一环。IP角色形象也正成为世界各地地方政府塑造地域特色、丰富本土故事的重要手段。在邻国日本，几乎每一个县区都拥有其地方的专属形象IP。以“本部长”闻名海外的熊本熊就是其中最知名的代表之一。对于云南而言，正由于其多元，一个统一的、具有辨识度的核心形象才格外重要。有了IP角色形象以后，大家对云南的情感才能产生聚焦，这些情感才能和云南拥有的旅游资源进行关联。

围绕IP角色形象的讨论持续了很久，云南有着丰沛的自然资源，无论孔雀，还是滇金丝猴，从中随便选取一个都极具代表性。这个过程中，也曾有人提议创造一个完全虚构的形象。最终项目组还是选择了“云”这个意象。这背后有着复杂的论证过程，但有三点最终决定了团队的选择。首先，“云”是云南的简称，“彩云之南”也是云南名字的由来，它既有自然的出处，也有历史的出处。

其次，在诸多自然形态中，“云”往往象征着一种闲适的生活状态，符合“自在云南”的核心价值观，又有着正向的公众情感属性。第三，作为众多旅游场景中的最大公约数，相较于其他具体形象，“云”在具体场景中的运用更加多元。此外，“云”还具有唯一性，山有东西，河有南北，但云只在云南，只能是“云南云”。

最终，一个具有中国风情和云南个性的IP角色形象成形了，有着蓬松、柔软、减压外形的“云南云”，其头部设计参考了中国特色的“祥云”元素，嘴巴则是一个隶书的“云”字，寓意“开口成云”。作为全国首个省级文旅IP角色形象，“云南云”诞生一个半月后，就成长为云南的“省级官员”。未来，“云南云”将在产品包装、公共服务设施、宣传海报等诸多场景中落地应用。

塑造了最为核心的价值观和IP角色形象之后，云南省政府对于内容的落地也有着具体的要求，他们希望能够为云南已有的旅游资源赋予更多灵魂。包括动漫、游戏、音乐、影视等在内，腾讯拉出了在数字文化内容领域的多条业务线，在已有的内容中挑选最合适的。2019年5月21日，在云南国际智慧旅游大会上，腾讯和云南省一起公布了“云南新文旅IP战略合作计划”中的9个具体合作项目，包括云南云IP形象塑造，由杨丽萍担任艺术顾问的QQ炫舞“篝火计划”，QQ音乐“全民K歌唱游云南项目”，“一起来捉妖”的“云南万物有灵计划”，阅文集团打造的“云南文字夜市”，《英雄联盟》的“校园电竞文创村”，腾讯动漫《一人之下》潮牌“人有灵·云南版”，腾讯体育旗下的“企鹅跑·云南”，QQ与腾讯文创、游云南诚选共同合作的“人生一罐”文创表情茶等。

文旅融合发展的一个核心命题是内容和文化到底在旅游升级中提供了什么，其带来的是流量价值，还是更深层的体验，这决定了线上内容和线下项目的融合到底应该以什么样的方式呈现。腾讯对内容的选择一定程度上体现了他们对这个问题的理解。他们选择的重要依据是这些内容必须真的符合“自在云南”的顶层价值设计，并且能够与实际的线下旅游项目实现融合。

在后续的运营过程中，有很多曾经被人质疑的尝试在实践中获得了预期的结果。曾经有人认为电竞在云南的本土文化中略显突兀，但无论《王者荣耀》城市赛的落地，还是大理的《英雄联盟》壁画村，都带来了意料之外的流量效应。腾讯新文创给云南旅游带来了年轻活力与全新契机。据云南省官方发布的旅游数据，2019年国庆假期期间，云南省接待的游客中90后占比近40%；00后占比22%。自云南与腾讯达成新文旅合作以来，云南旅游网络搜索频次同比增长1154%，环比增长725%。

腾讯在与云南省的合作中，制订了一套从顶层设计到基层探索的完整方案，来助力云南省实现“云南只有一个景区，这个景区叫云南”的理念。顶层结构是“云南云”IP角色形象，它作为云南旅游的代言人，在云南文旅融合计划中无处不在，将云南人格化。

在中层结构里，腾讯新文创IP与当地文化结合，使人们在游戏、电影、动漫、体育、音乐等数字流行文化中，重新认识了云南当地的传统文化、民俗文化。基层结构是“一部手机游云南”的智慧旅游，要游得自在，离不开无微不至的服务。“一部手机游云南”平台于2018年10月1日正式上线，面向游客的“一部手机游云南”App和小程序提供了覆盖全省的诚信服务，以及权威、全面、便利、优惠的目的地智慧旅游服务。

上线一年多，“一部手机游云南”的产品体系、运营体系已为公众提供近5000万次服务，App平台用户近400万人，月活跃用户超过100万人。通过融合腾讯云、AI识别、视频技术、区块链技术等各类新技术，云南的各大景区正在进行数字化革新。

如果说在过去，新文创的试验场更多地集聚于互联网的话，那么，云南的实践就是一场“在地”性与“在线”性发生新交互的实验。它的背后是探寻中国的数字文化生产之路，讲好中国的文旅故事。如此体量的项目实践成为可能，甚至将有机会为未来文旅融合在更多区域的实践提供可参考的范式。

第十一章

ESG：数字化时代的社会责任

每天通过各种渠道获得海量信息时，你有没有想过这些问题：

- 我们看到的信息真的越来越丰富了吗？
- 谁决定了我们看什么？
- 我们屏幕中的世界真实吗？

在你最常用的手机App里，今日头条告诉你：你关心的，才是头条；微博会推荐你关注的“热搜话题”；淘宝会根据你的浏览习惯推荐相应的信息给你；百度会根据你看到内容的顺序去做竞价排名；微信则通过你的信息足迹在你的朋友圈中植入“量身定制”的广告……

在数字化时代的传播活动中，人工智能、算法推介、数字编辑、机器学习等技术日益成为信息生产的重要手段，社交媒体、搜索类媒体、聚合类媒体等新媒体愈发成为信息分发的主导渠道。从某种程度上来讲，决定你看到什么的，是各种算法。这些非传统的、非专业的信息平台大多在试图迎合消费者的口味，而信息本身的真实、客观、全面则变得不再那么重要了。

这种迎合人喜好的算法将有可能让每一个个体走向越来越狭小的信息分流。2006年，哈佛大学教授凯斯·R·桑斯坦在其出版的著作《信息乌托邦——众人如何生产知识》中针对这种情况提出“信息茧房”的概念。桑斯坦认为，伴随着网络技术的发达和信息的剧增，每个人都可以依据喜好选择使自己愉悦的信息。当个人被禁锢在自我构建的信息环境中时，生活必然变得程序化、定式化。长期处在基于“算法推送”的媒介环境中，受众接收到的信息倾向和领域是有限的，接收到的往往是自己喜欢的内容，而看不到与自己意见相左或能拓展自己世界观的内容。算法分发的内容或信息，会不断加固受众原来持有的观点，使受众可能在某些问题上变得“顽固”甚至“激进”。这在一定程度上造成了社会群体观念“极化”现象的不断发展。此外，“快餐式”的信息内容获取更加快捷，同时被添加各种“情绪”的调味料，“口味”好，可饱腹，却无营养，必将造成各种“信息健康问题”和“认知失衡问题”。对于大众来说，沉溺于低质量信息海洋中，或乐而不知，或无力改变。

数字化社会还不成熟，如何治理，怎样保护隐私，产权归谁……所有问题只有探讨和思考，并没有结论。在日常生活中，我们的数据被采集、被滥用，我们反过来也被数据所塑造，这个过程通常是在我们毫无感知的情况下发生的，无论生产者，还是消费者，对这个过程的理解都还处于非常初级的阶段。可以说当下人类对数字化社会的价值观认知，还是混沌的，人类还在黑暗中摸索，还没有达到完全豁然开朗的境地。数字技术的善与不善是个复杂的议题，但在数据欺诈、数据盲区、伪劣数据大量存在的当下，数据的真实性比我们想的要更加紧迫和重要。新文创作为数字化时代文化生产的重要组成部分，不能回避自身肩负的社会责任。

腾讯“守护者计划”：AI解决传统社会难题，让科技更有温度

“守护者计划”，是腾讯在联合政府、警方和互联网业界共同探索治理网络诈骗、守护社会安全的过程中，创建起来的公益项目。为了推行这个计划，腾讯在两个关键技术上做了充足的准备，并投入了大量资源进行研发和创新。

首先是黑产大数据平台。腾讯在提供网络基础服务的过程中，通过自有平台的数据积累、与警方和业界伙伴的合作，以及用户投诉举报信息的交叉对比和筛查，建立起了翔实的互联网黑产、欺诈信息大数据平台。这个黑产大数据平台为腾讯推行反欺诈公益计划

提供了坚实的数据基础。

其次是AI人工智能技术。腾讯“守护者计划”重视AI人工智能技术的应用。腾讯在与警方和业界伙伴共同进行的反欺诈工作中发现，不法分子正在迅速学习和利用AI人工智能技术的最新成果，并将其转化为精准识别受害者、智能化进行诈骗活动的犯罪工具。为了与这些网络黑产斗争，腾讯“守护者计划”依托腾讯自身在AI方面的技术实力，通过AI赋能，协助有关部门和警方对抗网络诈骗，有效地对大量诈骗活动进行了事前识别预警、事中拦截阻断、事后打击治理，发挥了非常积极的作用，获得了很好的社会效益。

权威数据显示，仅在2018年，腾讯“守护者计划”就通过应用黑产大数据平台+AI人工智能技术，成功协助各地有关部门和警方阻断了11万次以上的网络诈骗的发生，为潜在的金融风险做出604万次以上的预警，保障了8.5万人的财产安全。迄今为止，腾讯“守护者计划”的覆盖面已超过152万人，为社会挽回了总共达20亿元的经济损失。

以雄厚的AI技术基础对抗网络诈骗，是腾讯发掘AI“温度”的体现。在腾讯“守护者计划”里，这个发掘“温度”的行动，已经从对抗犯罪，延伸到了为被拐儿童寻找归家之路。腾讯“守护者计划”除了与政府、警方合作打击诈骗，还有一个重要的工作方向，就是帮助社会解决儿童被拐、自杀抑郁等严重问题。该计划中的腾讯打拐寻人联合团队，充分利用AI人工智能技术优势，对AI

寻人系统进行了1000多次的改良调整，在5次迭代设计后，终于将AI精度优化到了96%。在这个系统的帮助下，警方在寻人时能够高效、迅速地缩小排查范围，提升办案效率。截至2019年8月，约一年半的时间内，腾讯打拐寻人联合团队已经利用AI人工智能技术，协助警方为8名被拐卖超过10年的儿童找到了回家之路。

另外，针对日益严重的自杀、抑郁等社会问题，腾讯“守护者计划”联合多个部门发起了“微光行动”，利用AI人工智能技术配合人工对比，提升对自杀举报信息的辨识能力，及时通过警企合作，预防和阻断网络自杀事件。“微光行动”发起已经有一年的时间，在全国范围内协助警方成功救助了50人，挽救了多个家庭。

支付宝蚂蚁森林：建立“碳账户”，让公益更有乐趣

2019年初，美国宇航局（NASA）发布的一条消息曾让很多中国人振奋：NASA地球卫星资料显示，地球表面的植被面积在过去近20年里共新增超过200万平方英里，相当于多出一块亚马孙雨林。其中1/3的植被面积增长归功于中国与印度，而仅中国一个国家的植被增加量就占到过去17年里全球植被总增加量的至少25%，位居全球首位。

除了政府发起的传统植树造林运动，蚂蚁森林这一新形式的绿色公益活动也起了相当大的促进作用。作为支付宝平台的一款公益

产品，蚂蚁森林将用户的低碳行为（比如步行、乘坐公共交通工具、线上缴费买票等）计算成对应的虚拟能量，被用来在手机里培养一棵虚拟的树。当虚拟树长成后，蚂蚁森林和与其合作的公益组织就会在荒漠里种下一棵真树。截至2019年8月底，蚂蚁森林已经种下超1.22亿颗真树，累计碳减排放量792吨。仅从数字和体量上评价的话，蚂蚁森林的贡献似乎并没有那么大，但它的意义并不是数字所能完全代表的。蚂蚁森林最大的贡献是，通过互联网平台让普通大众以游戏化的方式参与到公益之中，并从中收获乐趣。中国人不缺少做公益的热情，缺的是方便可靠的渠道，而蚂蚁森林就是这样一个渠道。“公益可以轻松有趣”，蚂蚁森林也为这句话添加了最好的注脚。

事实上，蚂蚁森林的初衷并非在于“绿化”，而是要建立“碳账户”，用一种绿色金融的创新方式让大家明白日常行为与节能减排的关系。为了应对全球气候变化，碳交易、碳市场已经在一些发达国家有所发展，中国也在进行相关的探索，蚂蚁森林的工作正在将这些比较冷门的概念送入人心。

上面的这两个案例，使得腾讯和支付宝得到了大量用户的情感认同，也获得了较好的经济效益和社会效益。这样的尝试兼顾用户体验与产品收益，平衡社会影响与商业价值，用长期付出获取口碑、忠诚度与竞争力。这种升维的产品开发能力值得被更多的企业借鉴与复制。

2019年年底，腾讯将“科技向善”升级为公司新的使命与愿景的一部分，承诺一切以用户价值为依归，将社会责任融入产品与服务之中，推动科技创新与文化传承，助力各行各业升级，促进社会可持续发展。在过去的一年中，微软、苹果、IBM、阿里巴巴等大型企业都围绕“科技向善”及相关话题有所表示和行动。

这些行动的背后是全球范围内ESG理念的深入实践。ESG理念于20世纪90年代由欧美跨国企业引入中国，在当时被称为CSR（Corporate Social Responsibility，即企业社会责任）。CSR崛起于美国，20世纪70年代以后，其内容渐趋多样化，先发展社会面的S维度，再发展环境面的E维度，最后发展治理面的G维度，最终形成ESG。在如今的ESG理念中，E、S及G是三个支柱（Pillars），三个支柱下共有10个主题（Themes），往下再分为37个议题（Issues）。在E支柱下，有气候变化、自然资源、污染及废弃物、环境机遇等4个主题；在S支柱下，有人力资本、产品责任、利害相关方对立、社会机遇等4个主题；在G支柱下，有公司治理、企业行为等2个主题。至于37个议题，覆盖碳排放量、能源效率、供应链劳工标准、隐私与数据安全、会计透明性、商业伦理等方面。

对于中国而言，ESG虽然是一个输入性的概念，但其内涵很好地契合了中国经济高质量发展的需求。随着中国商业文明程度不断提高和消费不断升级，消费者市场正从人口红利的优势中走出来。

从产品导向到品牌导向、品质体验导向，最后到责任与价值观引领的提升过程，是在经济水平、社会文化、市场环境等综合因素作用下，市场自发选择和演进的结果。

通过新文创的探索也可以证明，数字文化创意不只是一种文化体验，它还是数学模型、UI细节、设计美学、商业模式等实实在在的探索，甚至还有可能成为一些社会问题的全新解决方案。对于任何体量的新文创企业而言，关注自身的社会责任与商业生存发展，并不是矛盾的关系。企业除了关注自身的营收和成长，还需要直面产品可能涉及的社会责任问题，这也唤醒了产品的更多可能性：通过关注用户的健康、关注对社会环境的影响、反思自己和寻找产品的绿色可持续发展等方法，都有机会找到新的商业机会和新的发展机会。不同类型的主体，有其鲜明的优势与劣势，践行ESG理念，需要依托各自的核心优势，探索有特色的实现路径。

未来，ESG非关键议题转变为关键议题的时间或许会越来越短。踏入数字化社会的每一个人都无法置身事外。企业价值创造的定义会演变为对当前和未来关键议题的优化解决。老百姓心目中的好企业，将不再是单纯地具有强大商业盈利能力的企业，而是那些在与自身能力匹配的基础上，提高用户体验和民族自豪感，承担更多社会责任的企业。当新文创企业面对新的可持续竞争规则时，理应有一个新的起点、新的能力、新的范式和新的道德准则。

PART IV

新文创跨界生存指南

“任何一个文化的轮廓，在不同的人的眼里看来都可能是一幅不同的图景。”

——瑞士文化史学家雅各布·布克哈特

第十二章

颜值正义：从感官体验到意义设计

日本设计师藤原大说："生活是如此平凡，以至于人们很少意识到其中的问题。"家电就是这样一个平凡且听上去不够"性感"的行业。将黑科技、高颜值、潮流时尚、炫耀性消费这些名词和卷发棒、吸尘器、吹风机连接在一起，是只有戴森做到的品牌奇迹。

2019年天猫国际"双十一"销售数据显示，在开售一小时内，有84个品牌的销售额达到1亿元，这其中就包括进入中国市场不足10年的英国高端家电品牌戴森。事实上，不论天猫、京东、苏宁，还是拼多多，它们的"双十一"捷报里，都有戴森的名字。戴森俨然是年度最受欢迎的进口家电品牌。

戴森公司卖吸尘器、卖吹风机，卖得都比同行贵。在电商平台上，戴森系列产品的价格至少是同类产品的三倍以上，但这依然不妨碍消费者对其狂热的追捧，以至于有人把戴森戏称为“中产收割机”。很多人会把它跟苹果公司相提并论，因为这两家企业有很多共性：一是产品驱动，二是设计感强，三是都不便宜。当然，贵虽然不是一个令人信服的购买理由，却能够彰显它的品牌忠诚度。

戴森公司是做吸尘器起家的。它的创始人詹姆斯·戴森发明了世界上第一台气旋式吸尘器。当时市场上的吸尘器产品早已琳琅满目，其中尤以美国胡佛公司生产的吸尘器最为出名。早在1908年，胡佛公司就发明了第一台电动手持式吸尘器。很快胡佛吸尘器开始量产，取得成功并出口欧洲。20世纪90年代，英国的吸尘器市场完全成熟，吸尘器已经走入英国的家家户户，其中40%的吸尘器市场被两大主要生产商胡佛公司和伊莱克斯公司占据。

当时年过40岁的詹姆斯·戴森带着他的新发明试图进入一个成熟的吸尘器市场，难度不亚于今天一家默默无闻的手机企业试图挑战苹果手机的市场地位。当时市场上各品牌的吸尘器之间差别不大，而且自产品诞生以来也没有重大革新。这些吸尘器的缺点也是相似的：吸起来的尘土被装进吸尘袋里，吸尘袋会堵塞，堵塞之后会让抽吸效率降低。而戴森发明的气旋式吸尘器凭借先进的马达、降噪技术、无叶风扇等“黑科技”，克服了原有吸尘器的缺点，并且吸力更强、寿命更久。

1993年，戴森公司生产的第一款吸尘器DC01上市，产品定价为竞争对手的两倍，但仍旧供不应求。很快，戴森公司取得了空前的成功，开始不断抢走竞争对手的市场份额。到1999年，在英国销售的真空吸尘器中，有三分之一都出自戴森公司。

有了丰厚的收入，戴森公司开始研发更多产品。和吸尘器一样，戴森公司的其他产品并不介意进入已经成熟的市场，但是一定会突出和竞争对手不一样的品牌形象。这种不一样体现在开创性的产品颜值设计及效能构思上。戴森公司的产品的颜值和价格一样，都是人们提起戴森公司时议论最多的话题。标新立异的产品外观一度被外界认为是戴森公司树立品牌形象的产品策略，这也让戴森公司的品牌形象颇具几分“网红”色彩。事实上，戴森公司产品的外观和技术研发一样，都是服务于产品功能，最终致力于提升产品体验的。在戴森公司的产品中，外观最为独特的莫过于无叶风扇。和传统风扇相比，无叶风扇堪称“清新脱俗”。这样的外观设计并非为了特立独行，而是为了借助环形出风口和内置马达产生稳定的气流。这种设计摆脱了扇叶，创造出输送距离远的无絮流空气，使得无叶风扇的使用体验优于普通风扇。

好的设计能让人眼前一亮，在日常生活中创造更多惊喜，这也是新文创更容易充分发挥作用的地方。由于戴森公司的产品大多具有较高的颜值，因此产品也得到了更多的曝光机会。很多家庭都会以拥有一台戴森吸尘器为荣。以往人们打扫完卫生，会将吸尘器束之高阁。但是现在不一样了，因为戴森吸尘器拥有超高的颜值，很多人会刻意为它在墙上装一个架子，把它放在客厅最显眼的地方，此时它已经由一个工业产品变成了一个艺术产品。

:: 新文创跨界生存方法论

一直以来，颜值都是产品不可或缺的一个维度。如今与以往不同的是，颜值的权重似乎越来越高。从本质上讲，我们与其说是在讨论颜值，倒不如说是在讨论品牌及产品背后的设计思维。它是一种从感官体验到意义设计的顶层架构，包括细节触点设计、产品交互设计、用户体验设计、顶层文化设计等多种方式，最终指向商业模式的认知升级和审美升级。

颜值就是可视化的设计力

产品颜值虽然事关设计，但它不止于设计。

苹果公司当初能够起死回生乃至走向巅峰，有赖于乔布斯顶尖的艺术品位及艺术嗅觉。他对产品工业设计完美主义的极致追求，帮助苹果公司创造出简约素雅的iPhone等一系列产品。对于产品的包装，乔布斯也有极高的要求，他曾说，苹果产品的包装设计，要让消费者在打开的过程中有仪式感。

再看喜茶和奈雪的茶。这两个品牌能在短短几年内成为新茶饮头部品牌，和它们对于产品颜值的打磨不无关系。以喜茶为例，喜茶在研发芝芝桃桃这款产品时，为了解决桃子氧化变色的问题，特地加入了火龙果汁调色；奈雪的茶则为了让女性消费者拿着产品拍照时效果更好，将产品的杯子设计得更为修长。至于主题店的设计，喜茶和奈雪的茶更是奇招迭出，推出了一间间颜值出众的主题门店，成为年轻人的热门打卡地。

颜值其实就是用户在接触你的产品内核之前，先接触到的某一种用户界面。也只有当你把这个用户界面做得足够有吸引力时，用户才会有兴趣接触你的产品内核。相反，如果你的用户界面没有吸引住用户，那么他们可能根本不会和你的产品内核发生交互。因此，颜值就代表着可视化的设计力，必须具备辨识度高、传达准确、调性一致的特点。

在接受《财富》杂志专访时，乔布斯曾谈到设计于苹果的意义。乔布斯是这样说的："在大多数人看来，设计是虚伪，是矫情的装饰，但对于苹果公司来说，没有什么东西能够超越设计。设计是制造业的灵魂。""Designed by Apple in California（加州苹果公司设计）"，这句话几乎刻在每一款苹果产品上，它体现的是苹果公司对自己设计的自信与骄傲。当全世界的电脑都长得跟塞了一堆硬件的黑白灰盒子一样的时候，苹果的iMac G3脱颖而出。iMac G3上市6周就卖出27.8万台，年底销量超过80万台，一举打破了苹果电子产品的销售纪录。乔布斯当时是这么形容iMac G3的："这像是从另一个星球来的产物——一个拥有更好设计师的星球。"

iMac的成功也让苹果起死回生，让苹果更多的经典产品有机会面世，后来的iPod和iPhone则为更多人所熟知。2004年，Jony Ive设计的iPod mini让很多"果粉"印象深刻，超过6000万台的销量足以证明它的受欢迎程度，直到如今，提起这款产品，很多"果粉"还有着满满的情怀。苹果公司的设计风格简约清晰、去除矫饰、亲切易用，开创了属于自己的审美体系和独特的IP价值，能够让人迅速辨识出来。

颜值进阶：从感官体验到意义设计

有一种蓝色，它存在于全球千万女性的梦想中，历久弥新。1845年，蒂芙尼蓝（Tiffany Blue）问世。这个色彩后来被广泛应用于蒂芙尼公司的包装、广告和其他宣传材料中，获得了与蒂芙尼珠宝同等程度的美誉。2001年，蒂芙尼公司开始与潘通公司（Pantone）展开合作，对蒂芙尼蓝进行标准化，以确保它不受地域和媒介的限制，始终呈现出醒目一致的色彩。为了纪念Tiffany的诞生年份——1837年，这款专为蒂芙尼打造的潘通定制色被命名为"1837 Blue"。

在2016年上映的影片《情迷蒂芙尼》里，时装编辑Kate Reardon曾说："蓝盒子、白缎带，这是花费了很多时间才思考出的定位，产品包装代表着品牌的质感，必须完美无缺，没有差错。"蒂芙尼蓝独一无二，就连扎着标志性白色缎带的小蓝盒也被注册了专利，成了包装史上最具辨识度的设计之一。为了严格控制"蒂芙尼蓝"的数量，蒂芙尼还有个规定，那就是所有的小蓝盒不单独售卖，也不能被员工带出店外。

在奢侈品领域，一个品牌成为一种颜色的象征和代号，唯有蒂芙尼能做到。为什么女性朋友都纷纷沦陷于蒂芙尼的蓝色中？是因为蒂芙尼从未停止为女性造梦。在1961年上映的影片《蒂芙尼的早餐》中，奥黛丽·赫本饰演的女主角戴着蒂芙尼的珍珠项链，身穿一袭黑色连衣裙，搭配着黑色长手套，站在蒂芙尼店铺橱窗外，吃着可颂面包，喝着美式咖啡，为生活中普通的女孩们在纽约第五大道"种"下一个白日梦境。这一幕成为20世纪美国电影史上最具标志性的画面之一，一如那句充满了经典品牌印记的"在蒂芙尼，永远只有好事发生"。

当高颜值的产品与爱情、婚姻紧密地联系在一起时，外在的设计会进化为精致的生活美学。现在，蒂芙尼已不仅仅是珠宝商，而是"生活一点蓝"的生活方式。

作为消费力最为旺盛的群体，年轻的消费群体对美的追求也是"颜值经济"发展的主要推动力。想当初，美图秀秀能够迅速成长乃至上市，主要就是因为它的“美颜功能”戳中了年轻人的爱美之心。爱美意味着对产品颜值也有高要求。伴随着互联网和社交媒体成长起来的新生代，崇尚个性、热衷社交、追求新鲜体验、性格张扬。他们对于“颜值”有要求、有追求，是“颜值经济”的忠实消费者。数据显示，他们的消费力正在以年均14%的速度增长，这个数值几乎为上一代人的两倍。

年轻人爱美，促使品牌重视产品颜值，这又反过来提升了年轻人的审美能力，由此持续驱动着“颜值经济”的发展。对于出生和成长在中国经济飞速增长时代的90后、95后而言，他们生活在物质丰裕的环境里，从小就浸润在全球品牌大熔炉中。对他们而言，好的设计不分国界，哪个“酷”就买哪个，才是他们的消费观。值得一提的是，好的设计并不一定贵。比较经典的例子之一，是江小白的表达瓶。

客观来说，江小白的瓶身上并没有太多的设计，也看不出精美，然而瓶身上印有UGC文案的纸套，用扎心的句子撩动了许多年轻人，从而使江小白成为低端白酒市场上的一匹大黑马。当你的产品设计可以和消费者产生强关联时，从本质上来讲，这种产品颜值更易深入人心。

一个可以让人眼前一亮的设计，就是足够好的设计吗？有着强烈风格的设计，常常更容易引发一个问题——随着时间积累而产生的审美疲劳。外在的刺激用一两次也许非常有效，用多了反而会令人变得麻木。如果追求让设计变得更经典，仅仅在表面上触动人心是不够的，还要去深入理解文化和用户背景，让用户从内心建立起对产品价值观的认同、对习以为常的生活方式的反思等，实现从感官体验到意义设计的迭代。

未来所有的企业都将是设计公司

在未来，怎样的人才和怎样的企业才能在急速变化的社会中存活下来？茑屋书店创始人增田宗昭提出了一个观念：在未来，所有的企业都将成为设计公司，不能改变的企业将无法成功。在他的定义里，未来所有的企业都需要创新，创新需要有策划能力。而有创新能力，又能够策划提案的，就是设计公司了。

经过100多年的发展，设计的内涵不再单纯是物的设计或是产品的设计，而是进化为事的设计。它是一个过程，找到问题的根本，然后提供解决方案。一份英国设计委员会发表的报告说，每100英镑的设计收入可产生225英镑的收益。设计不仅仅是为了增加商品的附加值，设计本身就是新文创产品的本质。它要求品牌运用设计师的感知方法去探寻人的需求，使技术具有可行性，使商业能够转换为消费者价值和市场机会。

未来可能所有的品牌都需要使用设计力去改变消费者，向消费者传达你的美感、态度、理念、消费方式，让消费者喜爱你的品牌。在纷繁复杂的市场上，你需要清晰地传达自己的颜值，进而定义属于自己的价值和意义，只有这样，商业价值的实现才会水到渠成。

这似乎印证了财经作家吴晓波对人颜值的论述：颜值即正义，但不是最终的正义。他认为，颜值是第一印象，但不是最后的印象，一个人在社会上有没有成就，是否受尊重，还得靠自己的努力。对于产品而言也是如此，比颜值更为本质的是品牌力。支持着产品颜值的是涵盖了产品研发及生产、企业文化、营销推广等在内的系统化工程和供应链能力。

如今以颜值作为营销噱头的众多品牌，终究会迎来最终的考验，能生存并成长的品牌，肯定不是只有颜值的“花瓶”，而是能构建出一种真实的意义表达和文化认同的能力，形成对新生活方式的完整定义，达成深入人心的视觉记忆。

颜值是起点，品牌价值才是终点。

第十三章

内容连接：文化代码的情感共鸣

“对于这座城，我们几乎没有记忆。因为从前百姓不能进入这座城，它的记忆只属于皇帝。皇帝的记忆不能说，别人也无从知道。”

一道宫门，两重世界。这座城，就是故宫。

自1420年竣工，到1925年成立故宫博物院，在这漫长的岁月里，故宫对于天下百姓来说都是未知的神秘地带。长久以来，人们习惯于采用华丽、宏大、庄严的叙事模式来描述故宫。而这一切，在流行文化足以翻云覆雨的时代里，仿佛都与“有趣”无关。观众对于文化意义的追逐，总是更容易被简单易得的快感取代。面对大量“速食”内容的涌入，故宫古老的品牌与庞大的文物资源如何与普通人发生关联?

2016年，一部投资并不大的纪录片《我在故宫修文物》在朋友圈里“火爆”起来。这部节奏轻快、视角奇特的纪录片，让这一大片红墙黄瓦的古老建筑透出不同寻常的韵味。

《我在故宫修文物》在央视纪录片频道首发，却在弹幕视频网站B站爆发出极大的传播能量。迄今为止，这部纪录片在B站的播放量超过120万次，弹幕超过200万条，在豆瓣上的评分是9.4分，点赞的超过80%是18~22岁的学生。

关于故宫的纪录片很多，为什么只有这部《我在故宫修文物》被观众“翻牌子”？它的题材明明很严肃，为什么却莫名地在年轻人中流行了起来?

文物是过去的物件，但修复文物是正在进行的事件。《我在故宫修文物》把目光聚焦在故宫文物修复工作者身上。他们和我们一样，是360行中默默无闻的一类；他们又和我们不一样，他们是身怀绝技的文物修复工匠。借用纪录片里的描述，他们从事的工作是“穿越古今与百年前进行对话的一种特殊职业和特殊生命体验”。

历史和君王、文物与现代、庙堂与江湖、师徒与匠心，种种元素组合在这短短3集的纪录片里，让观众产生了莫名的向往。这部纪录片讲的不仅仅是故宫里的物件，更是文物背后的手艺人。在这个封闭、忙碌却不为人所知的空间里，手艺人的平实与有趣、热忱与从容显得与现代社会格格不入。正是这些有感情、有温度、有情趣的人，最终打动了观众。

年轻观众们在B站上用各类“奇怪”的评论词达成了一场别样的集体狂欢：他们膜拜着“深藏功与名”的祖传宫廷钟表老师傅们，他们感叹博物院里的工作人员像去邻居家串门一样随口说出“我去寿康宫一趟”的霸气，他们崇拜匠人们“满嘴文化”的气质……在这些看似戏谑、调侃的评论里，其实能够欣喜地看到年轻人对于传统文化的坚守与传承，他们对传统文化从来不曾抗拒，甚至向来都很敬畏。

以“弹幕”“打赏”为惯常动作的B站粉丝，通过观看和分享，完成了与故宫文化内容的交互。这不再是单向的文化灌输行为，故宫的文化与普通人之间有了更丰富的情感连接。

众所周知，当今纪录片的制作技术越来越精良，但跳脱于新时代语境的瓶颈始终存在。主流纪录片老派的高冷姿态，已经无法带动当下观众的观看节奏。我们虽然背着唐诗宋词长大，但是如今也是手机不能离身的现代人，传统纪录片的成色与话语风格，已经很难获得我们的认可。故宫文化也在这种反差极大的流行文化语境里，找到了新的生长方向。

如果说《我在故宫修文物》只是故宫博物院的一次“爆款”表演，同样大受追捧的故宫博物院淘宝店，则是用持续高质量的内容生产不断增强用户黏性的典范。它以“一本正经地胡说八道”，演绎了一种“打开历史”的全新姿势，用正剧形象演出喜剧效果，征服了消费者。

2018年12月，第一财经商业数据中心（CBNData）发布了《2018年中国互联网消费生态大数据报告》。报告显示，90后在原创相关品类中的消费金额占比持续提升，消费金额同比增速接近50%；90后购买的原创品类集中在服饰、家居和文创。“故宫博物院”也成为最受90后喜爱的文创品牌之一。同时，天猫新品创新中心发布的《博物馆文创市场趋势洞察》显示，博物馆文创产品的消费者多生活在一二线城市，19~30岁的年轻人占比超过五成，且75.9%为女性用户。

此前，故宫的经营与管理主要是从藏品保护的目的出发的。它作为中国博物馆里最重要的文化资产囤积地，主要有两大文化资源：一是17万平方米的古代宫殿建筑群，二是25类共计180万件馆藏文物，其中珍贵文物占文物藏品总数的93.2%。一直以来，这样的文化资源输出显得有些“曲高和寡”，普通老百姓不爱看，也看不懂。而故宫文化的传承者们则深感文化传承之艰难。

和国内许多知名景点的境况类似，故宫所面临的问题是人流量巨大，趣味性缺乏，符号价值远大于用户体验。故宫与用户的交集主要在于现场参观方面。每年，有上千万名游客从全球各地慕名而来。对普通大众而言，故宫很大程度上只是一个“名胜古迹”、一个著名的旅游景区。在过去，它总是与古老、庄严、肃穆画上等号，其所拥有的IP价值，很难在游客走马观花式的观赏中被传递和开发出来。

由于“核心受众”向30岁以下的年轻群体偏移，过去故宫一直遵循的营销逻辑与商业模式显然已经不再适用。故宫选择从年轻人最熟悉的社交网络下手，以“网红”的姿态与年轻的观众沟通。于是，《韩熙载夜宴图》中的女子走下了屏幕，久居深宫的“娘娘们”戴上了VR眼镜，小宫女们认真地玩着手机游戏，朝珠变成了耳机，顶戴花翎被做成了防晒伞，“朕就是这样的汉子”折扇、“雍正御批”胶带等一系列“萌系”文创产品成为社会流行文化的一部分……种种接地气的反差萌宣传，让“一本正经”的故宫蜕变为“卖萌”文化的典型代表，一时间圈粉无数。这种颠覆为故宫带来了文化与经济上的双重回报。当600岁的故宫决心放下身段和年轻人好好“聊聊”的时候，它赢得的不仅是文创产品1年卖出15亿元的经济效益，还有外界对其开放创新的点赞。

进入互联网时代，各大品牌都开始积极地在社交媒体上塑造“人设”。但要注意的是，在塑造品牌“人设”、开发衍生产品时不应当“忘本”，要以扎实的产品和内容作为起点。故宫以藏品研究成果为基础，从核心文化内容里面寻找取之不尽的创作题材，用更加“互联网化”的方式让古老的文化与大众产生丰富多元的情感连接，最终促使消费者买单的，已经不是产品本身，而是打动消费者的温度。

:: 新文创跨界生存方法论

当产品的物理属性和营销手段再也拼不出差异的时候，新文创的“内容力”将真正成为畅销品和滞销品的分野。从根源上来讲，新文创的“内容力”就是企业的一种价值判断和哲学观，是一种阐述“企业、产品、人、自然”之间如何相处的方式。但新文创的“内容力”并非僵硬地一成不变，长盛不衰的企业会随时为自己品牌的“内容力”创造新的解释，时刻保持与当下消费者之间紧密的精神连接。

通过新文创“内容力”的塑造来重构传统品牌体系下的产品、营销模式、渠道和定价策略，我们需要形成全新的新文创“内容力”方法论。这个方法论可以归纳为三个关键词：世界观、符号感、开放性。

世界观：抢占消费者“心智领域”的核心力量

在这个大众消费的时代里，大多数人借由购买“物质”来丰盈自己的“内心”，而“物质”所呈现出的内容是否能够体现某一时代里某一群体的“集体认同”，决定了它的畅销程度。对新文创企业来讲，它们很难再像过去那样套用一种固定的范式来获得成功。

以人为核心，塑造自己独特的“内容力”和世界观，不断形成与更多群体的连接点，才是当前话语体系下新文创品牌基业长青的机会所在。

我们所说的新文创品牌的世界观是一种集哲学观念、生活信仰、处世策略和美学感受于一体的综合体验。它可以为消费者创造一种“理想自我”的图像，给予消费者独特而优异的价值锚点，获取消费者的注意力。它可以来源于历史，也可以来源于创新。它代表着一种强烈的“主张”，一种与消费者之间毫无摩擦的精准连接，可以给充满选择焦虑感的消费者一个答案或者一个方向。消费者感知到新文创品牌的独特世界观，通过消费新文创品牌彰显自己的身份和品位。新文创品牌自然可以直抵人心，在消费者的“心智领域”占据一席之地。

符号感：提供一种抗拒庸俗化宿命的风格

近代研究消费现象的社会学家和文化学者普遍认为，如今消费者的消费动力不再局限于商品的使用功能，而是附着在商品上的“象征符号功能”。品牌的符号感其实就是一种“商品的生活提案能力”。品牌需要为消费者创建完整的差异化的“符号”系统，方能在残酷的市场竞争中生存下来。

我们发现，符号的意义在于降低品牌的成本——被发现的成本和被记住的成本。新文创品牌的符号感不仅仅是一般意义上的VIS系统或者Logo，还包括了品牌的功能设计、产品包装、销售渠道、陈列方式、代言人选择等，如LV经典的老花图案、Burberry苏格兰情调的格子。同时，它还延展到了品牌内容所阐释的“精神符号”，如苹果彰显的“科技简约”、Giorgio Armani传递的“不说话的优雅”。

新文创品牌的符号还具有带给人们美好想象的附加价值。例如，穿Nike鞋，不是为了跑起来特别轻松，而是为了那个“立刻行动、拒绝借口”的感觉；喝星巴克咖啡，不是因为味道特别可口，而是为了寻找一个单位与家庭之外理想的“第三空间”。它们都已经成为人们生活的一部分，牢牢地占据了消费者的“心智领域”。消费者认同品牌以及品牌所传递出来的符号，事实上也是在为自己的生活态度而喝彩。

开放性：激发消费者自我创造的想象力

无论是当下的移动互联网，还是未来的智能互联网，都将越来越注重赋权于消费者，使他们变成“生产消费者”。消费者可以将自己的品牌消费体验转化为参与性文化，传播给互联网上的所有人，最终实现更多人的“共同认同”。

新文创品牌通过“内容力”的塑造，向消费者输出世界观和符号，并将商品上未“说”完的价值留了出来，让消费者将其在使用、触摸、评价、想象时的感受填补进去。消费者以自我体验来“丰润”商品，可以使商品增值。品牌的内容输出也从讲述、展示向感受过渡。如大家所见，产消合一的时代由此迅疾而至。这样的新文创品牌塑造虽然不足以立刻取得引爆性的效果，却胜在稳定、厚积薄发，而且时间越长，竞争对手越难以复制。

新文创品牌的开放性，意味着消费者对于“内容力”更深的理解，意味着消费者个人需求的满足和情感的共鸣，意味着更大规模的社交传播效应，意味着消费者更强烈的付费和分享欲望。

第十四章

社交分享：通过用户连接更多用户

如今的互联网时代是一个渠道和用户都极其分散的时代，在这个“噪声”众多的世界里，如何让自己的声音在合适的时间传递给合适的人，同时还要保证信息不被折损呢？

美国当地时间2020年4月18日晚间，一场名为“同一世界：团结在家”（One World: Together at Home）的线上特别慈善音乐会，在万众瞩目中拉开大幕。这场义演发起的初衷，是向身处抗击新冠肺炎疫情第一线的工作人员致敬，并为全球抗疫行动筹集善款。

35年前，非洲陷入饥荒，曾有一场名为“Live Aid”的慈善演唱会在歌手鲍勃·盖尔多夫的号召下举行，轰动全球。这场演出持续了16个小时，150多个国家和地区的19亿名观众收看了直播。这是人类近代史上第一次大规模义演，也让人们第一次真切地感受到，音乐的力量可以改变世界。直到现在，这场慈善演唱会还保留着参与人数最多、演出艺人最多、观看电视直播观众最多的纪录。总负责人鲍勃·盖尔多夫还因此获得了1985年诺贝尔和平奖提名。

35年过去了，新型冠状病毒肆虐全球，受难的是全球各地的人民。历史不会单纯地重复，但无国界的大爱可以无限重复。今天我们有幸见证了属于我们这一代人的“Live Aid”。“同一世界：团结在家”邀请来自意大利、尼日利亚、印度、英国、加拿大、美国、中国等国家和地区的百余位音乐人、艺术家、演员及运动员参与。不同肤色、不同种族、不同语言，海报上那些密密麻麻的名字，生动地诠释了什么是“人类命运共同体”。

受益于互联网技术和直播平台的发展，这场持续8个小时的无间断演出（包括6小时的预热和2小时的正式演出），在全球范围内的14个网络平台进行了同步直播。两个小时的正式演出环节还通过美国广播公司（ABC）、美国全国广播公司（NBC）、英国广播公司第一台（BBC One）等国际电视和广播网进行并机直播。联合国网络电视也进行了全程直播。毫无疑问，这是一场史诗级的传播事件。据Global Citizen 官方数据，本次演唱会共筹集到善款1.279亿美元，用来帮助全世界的医护人员对抗新冠肺炎疫情。

数据显示，无线电普及之后，人们每天在内容消费上的时间从2小时翻倍到了4小时。此后，随着电视、互联网、电子游戏的出现和普及，人们每天花在内容上的时间超过了8小时。而现在，随着移动互联网浪潮的袭来，这个数值飙升到了10小时以上。

根据Ipsos与Lumen合作进行的《注意力2.0：品牌影响的可见度》定制研究项目，消费者面对大量的信息时处于一种“看而不读”的状态。超过65%的调查者，对信息的停留时间少于4秒，没有阅读，长时间的制作时间和复杂的信息常常被忽略。当大众的注意力已经变成“稀缺物品”时，品牌想获取大众关注极其艰难，又如何才能实现广泛而巨大的传播共振呢？

:: 新文创跨界生存方法论

“转发朋友圈并截图，私信我领10元红包。”

“转发朋友圈并集齐50个赞，送免费英语课一节。”

“拍张餐厅的照片并发到朋友圈，我们会送您一份免费的菜品。”

让别人分享你的信息就这么难吗？需要花多少钱才能诱导分享呢？其实只要给用户提供有价值的信息，即便不给他们钱或者好处，他们也会分享。分享、转发和吃饭一样，本身就是人天生的欲望，是不需要金钱激励就会主动去做的事情。那么，与其花费巨额资金诱导用户分享，不如直接创造他们会主动分享的内容。我们需要考虑的并不是我们想让他们分享什么，而是我们的信息对他们有什么帮助。

什么样的内容，用户会主动分享呢？总的来讲，驱动用户主动分享的方式大体上可以分成两类：利益驱动式和情感驱动式。在不同情况下，针对不同用户，驱动分享的动力可能都会不同。

利益驱动式分享

利益驱动可以是通过利己、利他或两者兼有的方式来鼓励用户主动分享。一般的利益驱动采取金钱、物品等形式，如代金券、免费商品、免费体验权益等。

举个典型的例子，朋友突然给你发来一个拼多多分享抢红包的链接，让你帮他点一下。你出于好心或者好奇就点开看了一下。界面提示：“恭喜您抢到86.3元，满100元即可提现。”于是你心动了，开始衡量是否“值得”继续分享。在这个时候，驱动用户继续分享的关键在于“心理成本”。对于用户而言，当所需要付出的代价或努力，低于真正会获得的收益时，心理成本就是正值，相反，如果用户觉得所付出的代价或者努力超过会获得的收益，那么用户的心理成本就是负值。心理成本会根据用户如何解读及判断“付出的代价或者努力”而定。因此即使面对同样的情况，不同的人也会有不同的心理成本。用户只有在觉得心理成本是正值时，才会考虑是否去分享。而用户最终是否愿意主动分享还需要看心理成本与社群成本的对比情况。

心理成本> 社群成本时，用户愿意主动分享。

心理成本< 社群成本时，用户不愿意主动分享。

社群成本是指用户在自己社群分享后所需要承担的风险、财务与非财务成本、影响和代价等。社群成本的衡量完全取决于用户对分享内容及社群的解读和判断。一般来说，人们认为分享慈善内容的社群成本要比卖商品的低，而分享抢红包的内容很多时候会让他们感觉有失体面。虽然用户决定是否分享只是很简单的行为，但实际上他们已经快速地解读及判断过相关的心理成本与社群成本。

回到上面拼多多的例子，随手转发即可白赚100元，这样的收益对于普通人来说还是有一定吸引力的，大多数人会选择进一步转发分享。最开始的时候，朋友助力的金额都是几元钱，如果是新注册用户，助力的金额会更多一些。于是你的红包金额会迅速提升至96元左右，你心想胜利在望了，便继续转发分享。可是这时，你会发现，越接近100元，朋友助力的金额越少，有可能是几角钱，甚至是几分钱。事实上，最终能坚持下来、真正积累到100元并提现的人并不多，大多数用户都在助力金额减少之后，停止了分享。

而在这个过程中，所有参加过助力的人都下载了App，其中有相当一部分人会将App保留下来，每天接受优惠活动的推送，开始购买商品。

拼多多成立至今不到五年，却能迅速崛起，在淘宝和京东之间成功地闯出了一条血路，是中国近几年来成长速度最快的互联网平台。据拼多多发布的2019年第四季度财报，拼多多2019年的年度购买用户已猛增到5.9亿人，用户渗透率仅次于阿里；2019年全年的成交总额（GMV）已突破万亿元，仅次于阿里、京东。

拼多多的飞速发展，依靠的正是下沉市场、社交流量以及营销补贴这“三把斧”。一打开拼多多的页面，带有“限时秒杀”“品牌清仓”“天天领现金”“现金签到”“砍价免费拿”等字样的内容便扑面而来。拼多多在采用利益驱动式分享吸引新用户。吸引新用户进来之后，拼多多还采取了一系列后续的运营转化方法，让社交裂变的流量能够有效地在其场景里沉淀下来。

情感驱动式分享

情感驱动是指让用户在分享行为和分享后所得到的反馈中产生满足感和愉悦感。情感驱动带来的收益不像利益驱动那么容易量化。情感驱动带来的收益因人而异，收益的高低完全取决于用户对内容的解读及判断。想要运用好情感驱动方式，首先需要了解目标人群会有什么样的情感诉求，是寻找共鸣、表达情绪、获得同情，还是抒情、炫耀、吐槽、发泄等，其次还需要了解这些情感诉求怎么样才能得到满足。只有精准抓到用户情感需求的新文创产品，才能够驱动用户主动分享。

2019年春节，短视频《啥是佩奇》几乎在一夜之间火了，朋友圈里到处都是它的“身影”。视频很快火出广告圈和营销圈，成为一个跨行业、跨圈层、不贩卖负面情绪的现象级刷屏爆款。

《啥是佩奇》实际上是电影《小猪佩奇过大年》的预告宣传片。短片讲述了偏远山村的一位“空巢”爷爷，在春节前，听说孙子想要“佩奇”。可是，啥是佩奇呢？爷爷四处打听，最后终于从全村唯一进过城、做过保姆的“老三媳妇”那里，知道了“啥是佩奇”，从而给孙子准备了一个“硬核”礼物。

虽然它只是一个短短五分钟的宣传片，虽然它讨论的还是“孩子能不能回家过年”这样的老话题，却激活了人们内心深处的记忆和情感，令无数人热泪盈眶。那些愿意把《啥是佩奇》转到朋友圈的人，应该大多都是被片子中的纯真情感给触动到才下意识去分享的。无论时代如何发展，“回家过年”依旧是全体中国人的共识，是每年都不变的主题。而这部宣传片的成功之处就在于它将英国的卡通形象“小猪佩奇”与中国的传统节日——春节结合起来，把外国范儿与乡土味儿结合起来，又把爷爷这一代人与孙子这一代人结合起来，真正做到了触动情感、抚慰人心。

《小猪佩奇》诞生于电视创意极为发达的英国，由动画师阿斯特利、贝克、戴维斯创作和导演，并于2004年5月31日推出第一集《泥坑》。简单明了的马卡龙配色、恰到好处的幽默、饱含善意的剧情、角色互动中传递的教育意义，使得这部动画片一经推出便大受欢迎。《小猪佩奇》在eOne集团的商业运作下被翻译成40余种语言，在全球超过180个国家和地区发行。

从英国舶来品，到中国“社会猪”，再到农历猪年吉祥物，《小猪佩奇》在中国市场的火爆看似是一场“偶然”的传播裂变，却蕴藏着一定的必然性。其动画片背靠稳定、高质的“内容源”，先是登陆电视台，然后在网络平台播出，在城市中拥有较为广泛的受众；通过在社交平台运作话题吸引成年群体注意；通过儿童向家庭“安利”和短视频平台热门话题双管齐下，完成最终“引爆”。《小猪佩奇》采用独特的营销推广方式打造出全民爆款，在持续维持IP热度的同时，深挖IP商业价值，实现迅速变现。

在以往媒体不发达的时候，人们购买产品首要考虑的是功能。

只要对功能满意，其他方面差一点也没关系。到了社交媒体时代，这一逻辑被彻底改变了，产品在让人享用之外，还要用于“传播”，甚至有时候传播要排在享用前面。为什么那些网红餐厅、网红景点并没有给用户任何经济回报，用户却愿意在朋友圈分享餐厅的食物或景点的风光？为什么当下的拍照留念经济会如此繁荣，以至于到一个地方去如果没有拍照留念，就好像我们没有来过。再想想身边的人，是不是有些人在吃东西前必须先拍照发朋友圈？和食物的口味带来的愉悦比起来，收获更多的“点赞”或许让他们更为满足。

“点赞”是一种有效的情感驱动方式。它满足了用户获得社群认同的需求。用户为了寻找认同感，愿意主动分享，希望通过这些分享为自己赢取更多的“点赞”。例如有些人想为自己塑造一个非常积极向上的形象，便会经常在朋友圈里分享一些有深度的文章或者读书的照片；还有些人喜欢在朋友圈里分享国际旅游、购物、去高端酒店用餐的照片。归根结底，这些人大多都是希望通过社群分享来为自己“塑形”。

在碎片化的新媒体时代，消费场景多元化、流量分散化，抢夺消费者注意力已成为当下品牌出圈的基本操作。传统品牌的营销逻辑是流量，通过媒体曝光实现获客。新文创品牌的营销逻辑是社交分享，通过内容连接用户，通过用户连接更多用户，在圈层传递中形成巨大的分享传播效应。对于新文创品牌而言，激发用户主动分享的欲望至关重要，微博、朋友圈、短视频等社交平台已经成为新品推广的核心阵地。每一个新文创产品都需要不断地被讨论、转发、晒单。而一款产品适不适合拍照分享到社交网络，将成为新文创产品研发的重要考量因素。

第十五章

互动共创：寻找数字化时代的供养人

“敦煌”一词，最早见于《史记·大宛列传》，公元前111年汉朝正式设立敦煌郡，至今已有2000多年的历史。1988年，一部由中日合拍的电影《敦煌》在中国公映，影片中展示的神秘的藏经窟、痴情的回鹘公主、让人沉迷的西夏文化，给观众带来深深的震撼，也在中国掀起了一股“敦煌文化热”。

坐落于河西走廊西端的敦煌曾是印度犍陀罗文化、希腊文化和中原文化的汇合地。敦煌石窟系统地保存了从五胡十六国到元代近千年间佛教塑像的发展序列，和敦煌壁画、敦煌文物一起形成了一门世界性的独立学科——敦煌学。

然而，这一文化艺术宝库历经沧桑，屡遭破坏。时至今日，无论物理上的保护措施多么完善，敦煌的气候仍然年复一年地损害着壁画。敦煌现存已编号洞窟735个，拥有壁画总面积达5万多平方米，但其中仅有几十个洞窟能够对外开放。即使如此，再过一个世纪，整个敦煌的壁画也会因为风蚀和沙尘全部消失。

敦煌只有一个，它是不可永生、不可再生的历史文化遗产。面对这样的敦煌，如何在保护中留住文化瑰宝的千年芳华？国家从20世纪80年代就开始了对敦煌石窟的数字化保护，越来越多的新文创企业也以数字创意跨界的方式参与到了敦煌文化艺术资源的数字化共享进程中。

2017年8月左右，腾讯找到敦煌研究院，双方很快达成了共识，确定了可以合作的板块。第一个落地的项目名为“数字供养人”，即用户只需出资0.9元，即可成为敦煌石窟的“数字供养人”，并得到一个“智慧锦囊”。锦囊是用敦煌壁画故事内容，结合现代人熟悉的生活场景，形成的一系列妙语。腾讯计划通过这样的创意方式，整合音乐、游戏、动漫等腾讯新文创生态，让敦煌文化在现代数字科技的加持下，再现于用户的生活当中。用户不必踏入莫高窟，也能感受到敦煌文化的神秘和唯美；不必成为专业的文物保护者，也能成为敦煌文化的保护者，参与到文物的保护和文化的传承中。

“数字供养人”的成功，让腾讯想做更多。双方联手以敦煌文物中保护得最好、也最具敦煌特色的藻井为主题，将藻井层次丰富、富丽庄严的图像融入互动，让用户在线DIY时尚单品——“敦煌诗巾”，享受敦煌文化与数字科技相结合的创作乐趣。最终，这些各具特色的敦煌文化元素化身行走的时尚符号，呈现在一方丝巾之上。

藻井是敦煌图案中的精华，由于它高踞石窟顶部，受风沙及恶劣环境的侵蚀较少，同时也避免了许多人为的损坏，因此保存得很完好。敦煌的藻井多达四百余顶，绘制十分精致。为了将敦煌文传播到位，“敦煌诗巾”采取了互动DIY的模式，从敦煌壁画中提取较具代表性的8个主题元素和200多个壁画细节元素，供用户任意组合、设计。这些元素当中，包括莫高窟敦煌第407窟的“三兔共耳”、莫高窟第71窟的“百鸟朝凤”，以及知名度最高的莫高窟第257窟鹿王本生中的“九色鹿”，每个元素背后都有着美好祥和的文化寓意，配以简短的诗句进行阐释，让用户更能感知其意境和内涵。

用户进入互动小程序之后，在同一界面内选择不同元素组合即可DIY专属丝巾。200多个壁画细节元素随意搭配，组合成丝巾花纹，很少出现撞款的现象，让人感觉到传统文化取之不尽、用之不竭的底蕴和魅力，敬畏之情油然而生。用户DIY的专属丝巾，再配以设计化的包装，让“敦煌诗巾”成为2018年底最有文化特色的一款跨界话题产品。据了解，互动小程序推出后，在高峰时段每秒都有3~5款DIY丝巾诞生。

和一般实体店或电商平台上“看图取物”式的零售商品相比，“敦煌诗巾”是用户通过这个新的应用程序创造出的成果，本身就融合了用户的精准需求。也就是说，“敦煌诗巾”的最大卖点是“只要设计得出来，就能做得出来”，它把产品的创意权和选择权交回给消费者，让消费者从自身的美学需求出发，个性化地定制产品，“人人都是消费者，人人也都是制造商”，这对于文创IP产品生产而言，无疑是一种进步。

上线一个月，“敦煌诗巾”互动小程序的浏览量达300万次，共收录超25万幅用户DIY作品，腾讯新文创携手敦煌吹起了一场全民共创的“最美国风”。敦煌文化也通过这种创意无限的方式冲出学术圈，成为一项人人关注的全民事业。这是一场文化的深度传播，也是一场走心的互动，它不是纯粹的IP娱乐化，而是让IP释放出它应有的光彩。在文化自豪感的情绪激励，以及便捷的数字传播技术支持下，“敦煌诗巾”的DIY互动在朋友圈犹如脱缰野马，被用户广泛转发。

敦煌文化与腾讯新文创的跨界创意令人惊喜。以丝巾这个需求面广且会为用户创造时尚价值的单品为载体，更多人参与到了文物的保护和传承的践行中。与传统时代一群人保护一种文物的方式相比，数字化保护方式更带着几分众创的味道，让人人参与其中，在保护的同时，也让文化得以更好地传承和传播。

以往，文化“矗立”在那里，是我们敬仰的一座丰碑，如果不走近它，我们很难直观而深刻地感受到它的震撼力量，它对我们而言只是书中一个笼统而模糊的符号。但“敦煌诗巾”的互动共创方式，让文化以更加逼真的形象跃然于用户的眼前，成为手机屏幕端可以触摸组合的纹饰和穿戴于身的时尚，让用户对敦煌文化的喜爱和支持落到更加具象的生活物品上，使用户与敦煌文化产生具象的联系。这便是数字化时代特有的文化保护思路，让古老的文化再次鲜活起来，在深厚的文化底蕴加持下，转换为日常最恰当的某种文创产品，融入现代人的生活，进而走向大众，走向世界；让文创产品和用户本身，都成为文化的继承者、传播者和供养者。

:: 新文创跨界生存方法论

日常生活中，人们会通过各种方式，去满足自己的这种心理需求。新文创品牌需要以人作为商品的入口，关注人的交互性与黏性，才能反复打开商业模式。

早在2006年，美国未来学家阿尔文·托夫勒就在《财富的革命》一书中预言，“产消者”（Prosumer）即将大爆炸，我们正置身于全新的经济空间中。在市场营销学界，近10多年来，价值共创一直是学者们研究和讨论的主题。在价值共创范畴下，生产者和消费者之间的价值共创，是典型意义上的产消合一，处在这一情景下的消费者也就是产消者。

为什么消费者转变为产消者是趋势所在？已有的研究中大致有如下观点：一是消费者对于自己参与的产品或服务的价值评价更高；二是消费者参与价值共创过程，可以让产品或服务更具个性化，从而具有价值差异化优势；三是由于技术进步，消费者开始拥有更便利的方式（技术、界面或协作平台）参与价值共创，从而激发消费者的参与行为；四是产消者也是共享经济兴起的一个基础，反过来共享经济越发达，产消者的规模也会越大。

重新解读“网聚人的力量”

“网聚人的力量”，是中国互联网历史上最经典的广告语之一，也是“网易”二字被大众熟知的开始。2000年，这段广告语伴随着广告片被电视机送到千家万户的时候，无论是丁磊，还是他的同行们，都丝毫不怀疑，互联网终将改变“潮水”的方向。事实如此，这20年来，互联网席卷人类文明的每一个角落，从方方面面改变着大众的生活。

2020年1月，丁磊在内部管理层会上被问到，未来对网易云音乐最大的威胁是什么？他的回答是，怕大家失去对音乐的热爱。在数字技术重构音乐产业的初期，以百度MP3为代表的互联网提供免费的搜索、视听和下载等功能。在PC时代和移动互联网的早期，音乐产品大多是以纯粹的播放工具形式存在的，这个阶段也诞生了QQ音乐、酷狗音乐、酷我音乐、虾米音乐等音乐产品。转折发生在2013年。DCCI互联网数据中心统计数据显示，2013年年底，我国手机网民规模达到7.21亿人，超过7.16亿人的PC个人网民规模，中国真正进入移动互联网时代。同年4月，网易云音乐正式上线，刚好赶上了这一波时代红利。

大量娱乐、游戏、视听等移动应用程序涌入日常生活，交互性、便携性、集成性等新的媒介体验大大改变了人们的内容消费习惯，信息过载、碎片化等问题也随之而来。以前是大家找歌听，现在怎么让一首歌被听到反倒成了难题，这是移动互联网时代音乐产品的痛点，自然也是机会。

如何抓住痛点和机会？网易云音乐官方的表述是：用音乐连接起用户、音乐人、UGC创作者等广大音乐爱好者，帮助他们不断发现、分享、传递其中的美好力量。“有人情味的音乐社区”一直是网易云音乐的独特优势。平台的基调如此，自然会孕育出独特的UGC文化。和网易新闻的跟帖特色一样，网易云音乐同样孕育出了“音乐评论”文化。根据企鹅智库的报告：只有5%的人会在听音乐的时候看评论，这是非常小众的一个需求。而在网易云音乐，这个数据是30%。这些评论的制造者与消费者，大多是80后与90后。对这些用户来说，网易云音乐已经不仅仅是一款音乐软件，里面的每首音乐对他们来说就是不同的故事。总会有一些人，需要找到情感的慰藉。

音乐的本质是情感连接，听歌时，其实创作人和听歌人都会有强烈的情感共鸣和分享意愿，网易云音乐只不过是实现了这个情感共鸣和分享而已。评论功能并不是网易云音乐发明的，点赞功能也不是。网易云音乐做的事情是，将这两个功能结合起来，打造中国音乐市场上，以音乐评论为特色的交流社区：云村。虽然名为“云村”的产品模块在2019年才正式上线，但这个概念并非刚刚提出。在网易云音乐里，平台就是“云村”，音乐爱好者就是村民。

如今看来，这些引领行业的创新早已深刻影响了中国互联网音乐产品，歌单、评论等功能也逐渐成了各平台的标配，“999+乐评”已经成为评价一首歌热门的重要标准。不夸张地说，现在打开每个音乐App，或多或少都有网易云音乐的影子。而从纯粹“听”音乐到更多可能，背后既是用户消费习惯的变迁，也是平台对于用户需求的满足与引导。

万物皆可“种草”

在互联网中，“种草”泛指把一样事物推荐给另一个人，这种通过真人推荐让人产生消费欲望的过程被称为“种草”。消费者可以去“种草”任何东西，“种草经济”也就应运而生。

消费者的购物心智模型已经悄悄变了。就算你不是购物狂，也或多或少被“种草”过——“李佳琦们”的淘宝直播、小红书上一篇“亲测有效”的产品试用笔记、最新款iPhone的开箱视频……不论网红，还是素人，不论视频，还是长文，也不论直播，还是日记带货，背后都是“种草经济”。“种草”消费背后的逻辑可以理解为，消费者通过关注的红人推荐，到电商平台或实体店购买，之后在社交圈子里将产品推荐给精准的潜在消费群，形成一种消费流行。而对于商家来说，这样的转化率更高。

此前埃森哲通过研究总结出一个中国消费者的消费特点：87%的消费者愿意和别人分享购物体验或者发表评论。这部分消费者更容易受到分享内容的影响和刺激，从而冲动购买，使消费呈现出“购买—分享—再购买”的循环式连锁反应。

另据Quest Mobile发布的《女性新消费趋势报告》，女性用户的购买路径，也从以前的单独刷电商App，转变为三大典型路径，分别是：抖音、小红书等内容平台，微信、微博等社交平台，以及电商直播、拼团等“种草”玩法。女性用户先在这三大路径中“被种草”，再去各电商平台下单购物。典型“种草”平台上带货KOL的女性粉丝占比较高，且线上消费能力突出，例如抖音上，李佳琦的粉丝中女性占比高达80%。

“种草”能否成功，关键在于是否建立了优秀的内容社区。2006年，马蜂窝以各类兴趣小组的方式组建社区，鼓励用户生产和传播游记，形成了早期的旅游垂直社区。马蜂窝平台上沉淀了大量去过天南海北的游客撰写的真实游记。不过，UGC（User Generated Content，即用户生成内容）类游记虽然能带来大量用户，但分散冗杂的内容也容易使社区无法摆脱“小而美”的特征。因此，从游记攻略分享这个点出发，马蜂窝开始了从社区到工具的进化。通过组建PGC（Professional Generated Content，即专业生产内容）编辑团队，以人工编辑的方式，将UGC的内容分析抽离出来，集合成城市旅行攻略。在移动互联网刚刚兴起的时代，这个可供离线下载的工具成了许多游客的刚需。

良性UGC社区的形成，使得马蜂窝在2012年迅速成长为国内最大的旅游内容社区。然而，手握大量流量，并不意味着能成功变现。不论小红书、豆瓣，还是知乎，都在商业化的道路上艰难探索。现实中，我们往往看到两种极端：电商想做内容社区，但缺乏培养社区氛围的耐心，最终做成了软文广告；反过来，对内容社区而言，他们想做电商变现的困局在于，“种草”容易，但“拔草”场景的建立异常艰难。

马蜂窝平台的内容足够丰富，有潜在旅行需求的用户会被这些内容吸引，从而进入平台；大量用户的聚集为马蜂窝平台带来更多的优质旅行内容，“种草”过程完成。精准流量的聚集吸引了B端供应商入驻平台，为用户提供更加丰富的选择。当平台拥有丰富、差异化的旅游产品可供用户选择时，平台就能够吸引更多的用户“拔草”。用户在“拔草”后形成的旅行体验，也可以形成更多丰富优质的内容。

作为旅行交易平台，商品的丰富度和深度，决定了用户消费决策的最后一公里。与其他OTA（Online Travel Agency，即在线旅行社）直接售卖产品不同，马蜂窝将商品置于用户内容浏览路径之上，植入用户场景中。基于对内容路径、用户画像和用户消费场景的深刻理解，马蜂窝以“内容种草”来驱动的商业模式，目前已经得到资本市场的初步认可。2019年5月，腾讯以2.5亿美元领投马蜂窝的新一轮融资。据官方数据，马蜂窝的用户数目前已过亿。

被用户喝掉的酒，才是有故事的酒

在这个大众消费时代，互联网上的各种App、快消品里的三只松鼠、综艺节目《偶像练习生》和《101女团》的操作基本类同，都是给用户权力，引导用户参与，与用户共创。

2012年，是酒行业黄金十年的结束，却是江小白的开始。江小白选择了一条“鲜有人迹”的道路。即使是一开始就看清江小白年轻化战略的人，也大多持观望态度。毕竟，把白酒卖给年轻人的想法，看起来很美，但操作起来有点难。年轻人对白酒有着刻板的认知，并不喜欢辣口的饮酒感受，并不喜欢去“敬”酒。没人敢“去石头上挤牛奶”，但江小白敢。它找到了自己破局的策略，就是和年轻人、和用户在一起，听年轻人的。

在江小白的逻辑中，被用户喝掉的酒，才是有故事的酒，才是完成产品使命的酒。酒自己没有故事，是饮酒者让它有了故事。最初，江小白团队的确在尝试利用共情去写年轻人的心事。但随着自发表达情感的用户越来越多，江小白干脆把表达的权利交到用户手上——把二维码印在包装上，让用户上传那些在饮酒时想说的话。每一个真实的个体，都成了故事的创作者，成了江小白的分享者。有的企业还在忙着定位，忙着“找用户”，而江小白则让用户帮忙找用户，大家一起成就一个品牌。江小白的员工说：“是用户创造了表达瓶。而我们只是把一句句能够帮助人们表达的话语放在了产品上。”

江小白的用户群参与到江小白的产品设计、口感调整甚至品牌文化建设当中来，这背后最关键的一点是，江小白让用户成了自己的智囊团，直接孵化用户的创意，创造出新产品，形成用户共创。作为快消品，江小白可以让平凡的用户参与其中；而用户给的建议是普适性的，这样创造出的产品，能让更多人喜欢。传播共创、产品共创、文案共创、渠道共创，江小白成立的近8年时间里，这种共创机制在渐渐生长、完善。从用户中来，到用户中去，让创造者享受产品收益，这就是江小白的模式。

江小白是首个真正让用户主导设计并创造出标准化、规模化产品的企业。这打破了消费者和创造者的边界，让每个平凡的用户都变成了创造者，这是他们自己创造的产品和品牌，他们有情感共鸣和归属感。

从玩法，到产品，再到品牌，江小白的用户共创是新消费时代下用户体验的综合性提升。这并不是务虚的概念，而是“以用户为中心”、C2B等理念的具象化。企业成为一个平台，创造者与消费者在平台上模糊了界限，融为了一体，形成了对接外部的“无边界组织”。

让用户体验向上游扩展，让用户参与到生产中，让用户享受共创的产品，也享受共创的利润，这种玩法有机会把用户体验提升到更高维度，把C2B的模式推向更深的层次。

互动技术解锁内容产业变革

万万没想到，2020年一开年，众多观众心中的新晋女神就变成了一个叫诸葛大力的姑娘。原本大家都以为会“扑街”的《爱情公寓5》的口碑居然低开高走、成功逆袭，网友们在社交平台掀起了巨大的讨论热潮。

而在这波讨论热潮中，除了新晋女神的话题，更多的是关于2020年1月19日上线的第13集互动剧的讨论。该集上线后，会员追剧热潮再次推高内容热度。爱奇艺数据显示，进入到互动剧情的会员用户中，97.4%主动参与了互动，人均互动次数达6次以上。“爱情公寓5弹幕”话题迅速登上热搜榜第三位，阅读次数超过4.8亿，讨论量超过5万。数据统计显示，《爱情公寓5》上线一周后，爱奇艺追剧会员账户超3800万个。得益于优秀的内容创意和出色的技术创新能力，以后我们还将看到更多的互动娱乐内容体验。

互动，始终是商业市场无法忽视的一大趋势。技术正在重塑视频平台的产品形态、重新培养用户习惯，并为用户的视频体验打开更多想象空间。

第十六章

场景探索：用沉浸式体验为用户造梦

“在动物森友会里，我过上了自己想要的生活。”

2020年3月20日之前，没有人预料到《集合啦！动物森友会》会成为刷屏级游戏。可转眼间，街头巷尾大家都在谈论这个游戏，似乎手上没有一台任天堂Switch，这个人就是“社交遗孤”，几乎没办法跟人交流。据尼尔森旗下的数据统计公司SuperData发布的数据，《集合啦！动物森友会》在发售后的一个月时间里，在全球范围内共卖出500万套。这一数字打破了之前由《使命召唤：黑色行动3》创下的数字版游戏单月销售纪录，成为目前单月销量最高的数字版游戏。这款游戏的火爆，甚至带动任天堂Switch和Lite的销量累计超过39万台，直接打破了2017年3月Switch公开发售时的首周销量。现在，“动物森友会”的微博阅读量已超10亿次，“大头菜”登上了微博热搜，大量玩家在各种社交媒体平台上分享自己的游戏体验和攻略。

《集合啦！动物森友会》游戏的核心是自由打造生活。游戏的主要操作只需要一个摇杆、一个返回键、一个背包键和一个万能的道具使用键就能完成。游戏会随着玩家建设的进度而解锁更多新鲜事物。前期的玩点是收集和探索，后期的玩点是建造和联机分享。在游戏世界里，玩家需要还房贷，因此有人说它像《模拟人生》；玩家会种植作物，这又带点《开心农场》的意味；玩家还可以换装，使这款游戏又有点像《奇迹暖暖》。这样一个集合了众多元素的休闲游戏，为什么会如此火呢？

我们知道，一般的游戏都设计有清晰的目标和直接的反馈，但《集合啦！动物森友会》却是一个没有结尾的游戏。如果一个游戏愿意不计成本地在细节上提高玩家的情感体验，那么它从一开始就和那些需要在短时间内被体验、被消费的游戏不同，它的流程一定是更长的，节奏一定是拉得更慢的。

比如在网络游戏《魔兽世界》的早期版本中，有矮人坐地铁、亡灵坐蝙蝠、血精灵骑血鹰等设置。这些交通工具不仅各具特色，而且会花费玩家一定的时间，这就使得游戏里的世界变得更加真实，玩家也能在交通工具运行的过程中看到周围地貌和景观的变化。但在后来的版本中，为了提高游戏效率，游戏开发者对游戏进行了比较大的改动，他们开始用一种非常现代的、简便的、快捷的方式来解决玩家的交通问题，玩家不再需要经历艰辛的旅程，也不再需要用脚步去“丈量”土地，自然也不会花心思去体验游戏世界里的环境和文化。

但《集合啦！动物森友会》的空间不是这样的，在这一款游戏里，玩家可以改变整个村子的地貌。它把所有场景都打开，让用户自主建设，这带来的就是巨大的创意空间。玩家就是这个岛屿真正的建设者和改造者。这个游戏的核心是自由打造生活，物品收集和设计创造都是为这一游戏核心思想服务的。

游戏设计者的初衷就是希望调动玩家的内在动力，给玩家选择和行动的机会，而不是通过游戏来强迫玩家。把体验游戏的权力交给玩家，让玩家将自己的感知与作品结合，创作出属于自己的故事，而不是只听从攻略的解释。

玩家每天早上打开自己的小岛时，都是满怀期待的，因为他不知道大自然又将给他哪些馈赠，也不知道今天系统又会随机赠送什么家具，自己能用这些东西怎样装饰自己的家和花园。最重要的是，所有的这一切，都是玩家“亲手创造”的，或者说是玩家投入在游戏上的时间带来的正向反馈。

此外，《集合啦！动物森友会》游戏里的时间流速和现实世界一致，且游戏里没有常见的任务列表，催促着玩家完成一项又一项的“指标”，自由度很高。串门、交流的时间和空间由玩家自己掌握，他们可以速战速决，取一些物资就“逃之夭夭”，也可以坐下来聊天天、看看景色。不知不觉间，玩家会感受到，与其他玩家或者和小动物们之间，是有情感羁绊的。

《集合啦！动物森友会》中，每天至少有一个小动物过生日，这意味着它有300个以上的NPC（Non-Player Character，即非玩家角色），而且这些NPC都有自己的口头禅、性格特点、房间风格，以及给玩家的任务和写给玩家的信。在游戏里，玩家会收到各种诉说家长里短的信。比如小动物说，“今天我出去看到了彩虹，就想到了你，然后写封信给你”，“今天下雨了，我在家锻炼，好久没见你了，给你寄个小礼物”，等等。当然这背后都是有算法支撑的，但这样的情感设计是非常微妙的，让玩家觉得他在这个世界也是被关心着、被爱着的。

《集合啦！动物森友会》在三月的爆红，有着疫情期间这一特殊时间节点的影响，但更重要的是，任天堂通过营造极具沉浸感和自由度的场景，让玩家在游戏中获得了独特的虚拟体验。游戏给予了玩家更多发挥创造力的空间，使得玩家能够完成更多在现实世界无法完成的事情，也因而成为人们热衷的话题。

::新文创跨界生存方法论

传统意义上的场景更多的是关于空间的定义，而数字化时代的场景，是在这个特定的空间里，融入时间的元素、人的元素和情感的元素，是通过人物行动来表现剧情的一个个特定过程。人们置身其中，所以能够轻易地理解并且愿意接受。然而新的改变用不了多久又会成为过去，里程碑会因为快速的更迭而失去价值。于是特定时间、特定环境、特定人物的组合开始更多地影响人们的行为与需求，实时体验、决策、分享让场景变得更有意义。

场景的搭建既可以是为了宣泄自我、寻求认同，也可以成为诉求被加以利用。围绕需求与需求的可能性来构建场景，是有较强烈意愿的主体更积极的传播动机。成功的场景搭建提供强烈的沉浸式体验，可以让人专注在当前的目标情境下并感到愉悦和满足，而忘记了真实世界的情境。沉浸式体验不侧重于产品或者品牌体验，而是重视营造产品带来的感觉，致力于在故事构建中为用户提供临场感、交互性、想象力，寻求与用户之间更深刻的连接。因此为用户设置适宜的场景是今天所有成功商业模式的共性。

沉浸式体验之新品发布会

一加被手机行业称为“小而美”的公司。一加的主要市场在印度与北美等地，国内市场销量只占其总销量的四分之一，虽然出货量不算大，但却在高端市场有着稳定的表现。在印度的高端手机市场上，一加以33%的份额排第一位，在全球高端手机市场上，一加排到了第四位。

2020年4月，由于新冠肺炎疫情持续蔓延，无数线下活动转向线上。各大手机厂商都抢在一加手机前面举办线上发布会，这对于一加手机以及背后的活动公司来说是一次不小的挑战。如何办出一场与众不同的线上发布会？如何能别出心裁地抓住人的眼球？一加手机做了场“肉眼可见的出类拔萃”线上新品发布会。在新机宣讲环节上，发布会现场采用绿幕技术制作出折叠式的舞台效果，再结合裸眼3D的视觉特效，为线上观众带来极致的沉浸式观感体验。炫目的特效并非浮夸素材的堆砌，而是把握节奏适时将亮点进行最大化呈现的结果，由内而外地散发出了一加手机品牌的高级质感。

信息技术的发展极大地拓宽了营销的边界，一加手机的线上3D发布会，不仅是对产品、技术迭代的展示，还让观众感受到了娱乐化内容营销的影响力，给观众营造了十足的沉浸感。

沉浸式体验之数字展览

近年来，为了带动更多的客流，购物中心举办主题展比促销活动更具优势。一方面，这可以短时间内为购物中心带来人气；另一方面，这会让购物中心的品牌附加值获得很大提升。不过，类似的展览举办太多，也容易让人审美疲劳。要论给观众个性、极致的体验，或许来自日本的跨界艺术团体teamLab是个很好的例子。

teamLab创建于2001年，由400多位超级技术专家组成，运用数字艺术拓展空间和感知的概念，打破数字艺术和商业的边界。它以其极具想象力的沉浸式展览，征服了伦敦、硅谷、米兰、新加坡、东京、首尔等地的观众。teamLab的展览曾被《纽约时报》称为“科技化的梦幻仙境”，连续两年被知名设计网站Designboom评为“全球十大必看展览”。teamLab的展览总是让去过的人无限想念，让没去过的人充满遐想，并且每次展览总能在网络媒体平台上形成持续不断的话题。

在“teamLab无边界”展览的入口处写着：漫步、探索、发现。据说进入展览区之后，98%的人都会迷路。想要完成这趟“旅行”特别困难，因为展览没有地图，每个人都必须自己探索，并发现其中的奥秘。展览中的艺术品并不是静止在一处空间不动的，而是会互相“沟通”。所有的一切都会根据观众的行为而发生变化，因此每个观众都能看到独一无二的、只属于自己的“景色”。比如作品《花与人》，花有绽放和凋谢，这个是由算法控制的。如果观众不动，他就可以看到这个花在绽放，如果观众触摸这个花，或许就会加速花的凋零。这个创意其实也能够让人们思考。自己和外界的关系。

teamLab的作品并非简单地追求酷炫和互动，而是都有自己的精神内核。其中最为特别的是，它会围绕自然与人的关系构建一系列作品，并选取不同模块拼凑组合成不同的展。从某种程度上而言，teamLab是反常规艺术。常规的艺术作品会因为人太多而导致欣赏和参与体验大打折扣，但teamLab会因为人的参与而越来越丰富，观展人成为作品的一部分，作品因人而变化，人与人之间的关系也被拉近了。

沉浸式体验之主题娱乐馆

近年来，休闲娱乐业态渐渐成为商家关注的重点。不少购物中心或者文旅综合体的休闲娱乐业态只能满足消费者日常游玩需求，形式单一，缺乏互动。而随着VR、AR、虚拟投影等高科技元素的出现，室内沉浸式体验的主题娱乐馆纷纷被引进，以吸引90后、00后等年轻消费者及以家庭为单位的客群。

比如上海的惊魂密境场馆，它是一个多元化沉浸式剧情体验主题娱乐场馆，同时是亚洲首家，也是全球第10家惊魂密境景点，由惊魂密境英国原班团队和中国创意专家团队联袂打造。不同于“密室”或者“鬼屋”这种恐怖类场馆，惊魂密境主打“奇趣惊魂”的剧情体验，通过紧张生动的剧情演绎及滑稽风趣的游客互动，提供适合不同年龄段游玩的娱乐体验。上海惊魂密境场馆历时四年打造完成，场馆以老上海为核心时代背景，在主题造景、剧情和角色设置、互动体验上都带有很强的本土特色。整段惊魂密境旅程在一条贯穿的剧情主线下发展，游客可以在这个主线的带领下进入不同时代的老上海传说与故事中。整个旅程中将会有9位“密境居民”来引导游客成为故事中的一部分。

自2018年9月试营业以来，凭借优越的地理位置、独一无二的游玩体验、高品质的演员设备配置、纯正的老上海韵味，上海惊魂密境场馆已吸引超过15万人次到访，成功收获众多国内外游客好评并打造出优质口碑。惊魂密境品牌艺术总监Kieron Smith表示：“上海惊魂密境想要打造的是一个独立且生动的时空。通过这样全新的沉浸式剧情演绎方式，我们希望能为中国游客带来一种全新娱乐体验，将视觉、听觉、嗅觉、触觉和动感完美地结合在一起，让游客不管从想象维度，还是从现实维度，都可以真正参与到故事之中，开启一场惊心动魄的老上海旅行。”

沉浸式体验之主题乐园

对于主题乐园而言，设计丰富的场景提供沉浸式体验，意味着通过情景化的主题故事演绎来增加旅游产品的新奇感、复杂性和不可预料性，以诱导游客进入心流状态。这种场景往往是陌生的、新奇的，并且能够引人入胜的，能形成一种整体的氛围，最终让游客入戏，为游客提供一种独特的体验。

相较于国内，欧美国家线下沉浸式体验的发展较为成熟。迪士尼的“潘多拉：阿凡达世界”主题乐园于2017年5月27日正式开业，占地约5万平方米，造价高达5亿美元，是奥兰多迪士尼十多年来最大规模的扩建。

迪士尼和詹姆斯·卡梅隆计划将这个项目打造成沉浸式娱乐的新地标。“阿凡达世界”抓住了影片的精髓——让观众从现实世界穿越到一个奇异的新世界。整个主题园区完美还原了潘多拉星球上各种奇异植物和哈利路亚山的场景。园区内有两个主要项目，第一个名叫“纳美河之旅”，游客可乘船穿越荧光森林，感受夜景中各种发光生物的奇妙；第二个名叫“飞行通道”，游客可以借助VR技术享受骑斑溪兽飞越潘多拉上空的刺激。也许，沉浸式体验的精髓就在于让游客可以从现实生活中脱离，去到一个奇异的新世界探索。而凭借“阿凡达世界”，迪士尼在通往沉浸式娱乐的路上迈出了重要的一步。

沉浸式体验之酒店

沉浸式体验也延伸到了酒店领域，澳大利亚的MACq01酒店就融入了沉浸式体验。MACq01酒店诞生在澳大利亚第二古老的城市霍巴特，它是塔斯马尼亚的首府，当地土著曾在此捕鱼、筑梦，第一批欧洲人从这里登陆……MACq01酒店就以这些多姿多彩的历史人物为设计理念，让住客在酒店感受到塔斯马尼亚的过去与现在。

酒店共有114间客房，每一间都以一种塔斯马尼亚人物气质为灵感，并装饰一幅塔斯马尼亚当地艺术家Troy Ruffels的作品。而最为特别的是，MACq01酒店还设置了“讲故事的大师”一职，“大师”会带着住客自由穿梭在酒店或霍巴特的街道中，为其讲述这座城市的历史。

此外，迪士尼也不甘示弱，在“星球大战”主题公园开放的同时，宣布配套的星球大战主题酒店已在筹建中。整个酒店被设计成巨大的星球战舰，所有的窗户上展现的都是在星球中旅行的景色；而每一位住客也会成为星球大战故事的一部分，入住时会成为一位星际公民，穿上指定的制服，并获得属于自己的任务和故事线。迪士尼期待通过星球大战主题酒店为住客提供独一无二的沉浸式体验，并实现电影、主题公园、特色住宿的一体化。

沉浸式体验之剧场

沉浸式剧场提供的是一种充满情绪化的体验，能把消费场景融入体验过程中，带来更多商品消费的可能。

纽约《Sleep No More》一改以前戏剧的线性剧情模式，打造出多条剧情线，让观众和演员一起演绎剧情。《Sleep No More》一经推出，门票便遭疯抢，有些狂热粉丝甚至刷了超过100场。后来这出剧目移到上海的麦金侬酒店演出，在这里观众可以戴着面具探索任意区域，也可以跟随演员进“小黑屋”进行一对一的对话。

在这样趋向真实的场景里，观众很容易被里面的故事情节感染。主办方在演出场地配备了Manderley爵士酒吧、The Health餐厅和GallowGreen屋顶酒吧&餐厅，让观众在酒吧中领取纸牌、面具，买酒消费等。戏剧带来大量客流的同时，也为周边的商业配套（如餐饮、零售）、主题酒店等带来增值收益。

相对来说，中国的沉浸式剧场还在起步阶段，只是相对小规模、碎片化、融合式地渗透进了多种消费场景，比如嘉年华、文旅景区、商业地产等。其中，《又见平遥》是国内在这方面比较早的尝试，2013年推出，2018年产生的月营收依然保持在750万元左右。

2016年，万娱引力落地了首个“触电·鬼吹灯”沉浸式娱乐项目，这是一场游戏、戏剧和电影的商圈“联姻”。“触电·鬼吹灯”更强的互动性和沉浸感是沉浸式娱乐的基础，它以现象级IP《鬼吹灯》为故事蓝本，利用环绕式声效、舞台级光效、虚拟成像技术，结合真人表演，打造真实的“盗墓”空间。

除了万娱引力，奥秘之家、筑梦文化等也做了大量的尝试。

奥秘之家的IP池里有仙剑全系列、轩辕剑、东方快车谋杀案、大富翁、名侦探柯南及新世纪福音战士等，未来的战略场景将延伸到更多业态。

数字技术开辟了新创作的设计可能性，沉浸式体验在商业空间的打造上显得越来越重要。未来，剧场、影院、展馆等各个领域都会更加关注新交互形式的设计，以提升用户感官的愉悦度，让用户感到满足。众多场景都需要新内容和年轻客群建立联系，这是未来一种新的发展方向和重要趋势。因为它让消费者成为参与者、互动者，让消费者从被动观看转向主动体验，极大地满足了90后、00后等群体表达自我、探索世界的消费需求。

与此同时，沉浸式体验如果能够被加以运用，可在商品、营销植入和衍生品上承载更广阔的商业价值变现空间，甚至能带动周边物业商业价值的提升，最终有利于整个商业的资产增值。

第十七章 超级生态：跨越IP的生命周期

2016年是中国二次元手游的黄金年代，那一年国内市场上出现了3款影响巨大、流行至今的明星产品。其中，《阴阳师》可以称得上是一个不可多得的奇迹：它于国内游戏大厂成体系、标准化和高品质的研发氛围中诞生，却具有罕见的独立精神，是二次元产品真正走向精品化、IP化的开端。

《阴阳师》的成功出乎业界、玩家，乃至网易自己的意料。一款长线运营产品的理想状态，在于团队的内容产出速度和质量与玩家的内容消耗和需求之间的平衡。而源源不断地推出新内容，正是一款游戏实现长线运营的关键所在。自诞生以来，《阴阳师》就以“劳模”般的更新速度闻名，甚至一度扭转手游行业玩家内容消耗永远高过产出的局面，是少有的玩家“抱怨”更新太快、跟不上进度的产品。

上线初期的爆红、2亿用户的涌入、千万级DAU（Daily Active User，即日活跃用户量）的突破等成绩，更是构成了《阴阳师》快速迭代的原动力。经历早期运营事件后，《阴阳师》深刻认识到了内容更新速度与质量把控的同等重要性，其团队趁机迅速扩建，为后来《阴阳师》持续的成长做好了准备。更为独到之处在于，经过三年的摸索、试验、磨合，《阴阳师》的团队对于游戏制作的迭代理解，不再局限于表层的内容更新，而是更多地触及游戏剧情、式神建模和玩法机制等内核部分，实现继承突破，让产品能不断激发新老玩家的热情。

《阴阳师》实现长线运营的探索过程中，另一大过人之处在于同人文化的蓬勃发展。回到用户对高品质内容的快速消耗问题上，UGC从用户生态中产生，更加亲民，表现形式也更为多样，因此能够与高质量的官方内容形成有效互补，触达更多潜在用户，形成产品影响力的“自动化”扩大。特别是在二次元玩家拥有更强的表达欲望和创作能力的前提下，多数厂商都会主动引导、积极鼓励玩家创作游戏相关内容，以达到培育长线IP的目标。《阴阳师》同样如此，有着蕴藏丰富想象力的妖怪文化加持，《阴阳师》不仅打造了一个如花似锦、奇幻华丽的幻想世界，同时也培养了一个相对宽松的同人创作环境。

当然，宽松只是第一步，同人创作、UGC的核心在于对用户的激励，让用户产生创作内容的欲望和动力。《阴阳师》对用户的激励主要来源于产品本身的高品质，以及产品背后依托的瑰丽世界观。如2016年9月《阴阳师》公测后，大量由玩家创作的表情包、小剧场，以及由专业画师绘制的同人图开始在网络上传播。11月，《阴阳师》已经位列Lofter二次元同人榜热门第一。以上种种，帮助《阴阳师》从核心的二次元市场向大众市场快速扩散。随后，《阴阳师》开始建立专门的同人社区、举行各式同人创作比赛，进一步培育活跃的同人创作氛围。《阴阳师》同人社区甚至还有了自己的App，这个App也成为玩家与游戏中喜爱的式神建立情感羁绊的专属场所。丰富、多元、优质的同人内容，正是玩家长久活跃，乃至乐此不疲的原因。2019年，《阴阳师》更进一步开始尝试将优秀同人创作作品加入游戏当中，以玩家参与游戏研发制作的形式，唤起玩家主人翁意识，并以实际回报激发玩家的创作热情，建立更加可持续的同人创作生态，增强玩家对于游戏与IP长远发展的信心。

谈及IP，自然也不能忽视《阴阳师》从泛娱乐角度打造多元化IP的策略。以过去经验来看，手游是有生命的，《阴阳师》上线走红之后，团队也开始思考如何延长，甚至打破生命周期。IP成为《阴阳师》走向无限可能的良药。在2016年底，《阴阳师》就已经提出“不要把自己框在玩法的思路当中”，而要以游戏玩法为“蛋黄”、以游戏外围文化圈层为“蛋白”，带动IP持续发展。这一策略也获得了外界的看好，根据伽马数据在2018年的测算，《阴阳师》IP价值达到468亿元，并具备较高的挖掘价值。

不被既有模式观点束缚，是《阴阳师》成功的原因，也是《阴阳师》希望一直保有的优势。因此，《阴阳师》IP外延方向也呈现多元化趋势，旨在从多种角度打造IP衍生内容。

2019年5月，《阴阳师》公布了首个IP主题店品牌“Onmyoji Cafe &Shop”，此后还与更多品牌合作推出周边产品，旨在从浸润线下场景的角度，进入玩家的文娱生活乃至日常生活当中，为玩家带去更多元化的IP体验，引发玩家的情感共鸣，进而实现《阴阳师》IP不断突破更多文化圈层的目标。而优质的《阴阳师》番剧输出，更为网易赢得“动画公司”的美誉。2020年，《阴阳师》相继推出了更多动画番剧，其中，7月份开始更新的泡面番《阴阳师·平安物语第2季》在B站的播放量已经超过了489万次，赢得了玩家普遍好评。新番剧《没出息的阴阳师一家》，更以诙谐幽默的风格吸引了2667万名用户观看，其中现实而又活泼的剧情更引发了玩家普遍共鸣。

《阴阳师》不局限于周边产品和番剧，还通过音乐剧来丰富其IP，让玩家从不同角度重新认识《阴阳师》。为期两个月的音乐剧《阴阳师》“大江山之章”夏季巡演大千秋乐，在九大城市进行了35场演出，所到之处场场爆满，早期售票时玩家的热情更是大大超出《阴阳师》团队预期。出品方的公开数据显示，“大江山之章”

夏季巡演的售票比例与上座率均超90%，有超过50%的观众都进行过“二刷”，部分观众甚至跟着剧组连续“五刷”。而随着音乐剧的巡演，《阴阳师》游戏日均在线率也提升了15%。《阴阳师》衍生产品的销售量也同样相当惊人，“大江山之章”夏季巡演期间共实现了4000万元的衍生品收入。

过去，由于市场早期发展理念落后，手游往往被认为是快消品，生命周期通常以月计。作为一款二次元产品，《阴阳师》在第三个年头依然保持旺盛的生命力，这实在出乎许多人的预料。时至今日，《阴阳师》依然保持二次元手游领头羊身份，并建立起了一个横跨游戏、电影、音乐剧、番剧和周边产品的庞大IP帝国，持续丰富着一款游戏原本谁也没想到会有的外在与内涵。《阴阳师》的长青，恰恰证明了一款手游的长久运营离不开不断的自我打磨，以及在多重维度上的创新突破。

:: 新文创跨界生存方法论

新文创IP运营的过程有点像播种，要选择好种子，然后等待它长成一棵树。一方面，随着流量的潮水退去，好IP的市场价值逐渐显露出来；另一方面，通过更好的IP运营，并结合新的经济形态（比如新零售），可以挖掘IP的内在价值，增加IP成为爆款的可能性。

因此，通过影视产业与文学、动漫、游戏等领域的跨界融合进行模式创新，创作出不同业态的精品，丰富IP内涵、提升IP价值，从迎合消费需求转为主动引导消费需求，是IP能够持续迸发活力的关键。

哥斯拉：IP需要全生命周期管理

哥斯拉是人类影史上少有的“常青树”。它的历史可以追溯到1954年，是日本导演本多猪四郎根据核辐射的灵感创造的一个神话。之后它就在世界范围内获得了认可。即便是在好莱坞，哥斯拉的形象也已经古老到仅次于迪士尼的米老鼠。

2019年的《哥斯拉2》是2014年版的续集。一个如此著名的IP，本应具有更大的票房号召力，然而，《哥斯拉2》却未能像《复仇者联盟4》一样取得傲人的成绩。究其原因，主要在于其IP形象管理不善。

从本质上来说，这是一个IP生命周期问题。

我们知道，此前获得巨大成功的《复仇者联盟4》在很多地方与《哥斯拉2》一样，它们都拥有一堆知名IP，都是系列电影的续集，历史都很悠久。但是哥斯拉的形象并不及漫威人物那么成功。其中一个原因在于漫威IP从始至终都有一个固定形象。相比之下，哥斯拉形象的延续性就差了很多。观众虽然经常在电影当中看到哥斯拉的形象，但是这个形象时好时坏，时强时弱，有时不具有灵性，有时又被塑造成具有灵性的地球守卫者，观众对其的认知始终模糊不清。

这样的多变不是以巩固IP的方式出现的，而是对IP形象的颠覆。2014年的《哥斯拉》和2019年的《哥斯拉2》，相隔5年，并非出自同一导演之手，而且《哥斯拉2》预计成本2亿美元，结果只用了1.7亿美元，导致画面昏暗难辨。其他的哥斯拉主题电影也分别由不同的公司出品，这便导致哥斯拉的电影品质无法得到保证。每一部低质量影片的出现，都是对IP价值的消耗。

漫威电影能大获成功，离不开其打造的超级英雄“电影宇宙”体系，体系中既有以单个英雄人物为主的《钢铁侠》《雷神》《蚁人》《奇异博士》等电影，又在这些电影之间建立起人物、情节、元素的联系，并打造出《复仇者联盟》《银河护卫队》等群像式超级英雄电影，从而达到了协同、放大的营销效果。

IP需要全生命周期管理，需要有计划地创造和发展新的人物、有计划地推出新片，还需要有计划地塑造人物之间的交叉关系。而这些，归根结底是对公司稳定与业务延续的双重要求。当然，有的时候历史负担太重也并非好事。当你自己把自己打碎，把自己现在所有认为对的经验都忘掉，把现在所谓的光环、粉丝全部忘掉，再以一个新的角色、一个从零开始的心态进驻一个新平台的时候，创造力才会真正产生。这是一个变化的时代，但是既然我们生活在这个时代，就不要害怕，而要勇敢去变。

迪士尼：全天候消费者产品战略

冰雪奇缘是迪士尼21世纪以来最成功的公主IP。在全球50大最赚钱IP排行榜中，2013年诞生的冰雪奇缘以113亿美元的收入排名第45位。在宝可梦、星球大战等一众诞生于20世纪的老IP中，冰雪奇缘是榜单上唯一一个“10后”。而且，冰雪奇缘113亿美元的收入中有95.75亿美元来自衍生品的销售。衍生品在新文创运营中有着不可替代的作用。电影生命周期只有两到三个月，游戏再好玩也有玩腻的一天，电视剧不会天天播，迪士尼乐园一年也去不了几次，能一直留在消费者身边的只有衍生品。

在经营IP方面，迪士尼已经练就了一套可连接各个业务部门的组合拳。冰雪奇缘IP的成功也离不开迪士尼各个业务部门之间紧密的配合。为了填补电影和电影之间的空白，迪士尼会利用各种资源，通过业务部门之间的协同来整合营销与产品计划，以意想不到的方式连接消费者和迪士尼的IP角色。

迪士尼很少给公主动画电影拍续集，就算有续集也是DVD发行的，不会进影院。这次，迪士尼一反常态的意图并不难猜，它想要将冰雪奇缘打造成一个有生命力的IP就需要不断地丰富世界观和设定，这部电影的使命就在这里。

电影《冰雪奇缘》在商业上的成功已经不必多说了，但这部电影的成功并不仅仅体现在票房上，它还是迪士尼转型最彻底的一部作品——公主不仅没有和王子在一起，王子还有可能是坏人。这个设定在一定程度上迎合了当时美国的女性平权运动，让一个单纯的童话故事拥有了一个严肃的内核。从某种程度上讲，这也为迪士尼打开了成年女性市场，直接扩大了IP的消费人群。

2014年，在第一部《冰雪奇缘》电影上映后，迪士尼就上线了一款冰雪奇缘主题的三消手游《冰雪奇缘：冰纷乐》，这款游戏在Google Play上的下载量早已经突破5000万次。2019年11月14日，在《冰雪奇缘2》上映前，迪士尼和游戏公司jamcity又推出了一款手游《Frozen Adventures》。游戏上线不到一周，在Google Play上的下载量就已经超过100万次。

迪士尼旗下的电视网ABC还制作了美剧《童话镇》，这是一部面向成人观众的悬疑剧，从2011年开播至今已有7季。它构筑了一个庞大的奇幻世界，将迪士尼所有童话故事中的角色都囊括其中。在《冰雪奇缘》大获成功后，动画中的两个女主角Elsa和Anna也加入到了《童话镇》。

音乐剧也是迪士尼维护和延续IP生命力的重要手段。音乐剧版的《狮子王》和《泰山》都曾创造过百老汇首演的票房纪录。2018

年，《冰雪奇缘》音乐剧也正式登陆百老汇，其票房累计达8200万美元。

乐园作为迪士尼最重要的组成部分，自然也没有缺席。虽然现在冰雪奇缘的世界观还处于不断完善的阶段，还不可能像漫威、星球大战那样拥有专门的乐园，但冰雪奇缘的元素在迪斯尼乐园里也随处可见。在迪士尼加州冒险乐园里，游客能看到《冰雪奇缘》歌剧表演。歌剧表演时长1小时，剧情则是根据电影改编的。

除了常设的娱乐项目，迪士尼乐园还会时不时地举行冰雪奇缘主题活动。例如在巴黎迪士尼乐园，春季一般都会举行盛大的冰雪奇缘主题歌舞游行。另一个非常盛大的冰雪奇缘主题活动就是冰雪粉丝节，这个活动是由迪士尼和衍生品授权商共同举办的衍生品的发布会。

在IP运营的商业模式上，从定位、创意，到推广，再到管理，迪士尼都深谙个中之道。围绕IP，迪士尼开拓了包括电影、游戏、主题乐园、文创产品、音乐剧、教育、出版等不同领域、不同形式的衍生业务，并且相互配合，缔造了庞大的IP商业帝国，体现出一个超级娱乐巨头的强大运管能力。

乐队的夏天：综艺IP的长效运营

2019年夏天，《乐队的夏天》这档节目的成功“出圈”，让乐队文化走进了无数观众的视野，“乐队的夏天”也成为当年热门的音乐综艺大IP。《乐队的夏天》全国巡演南京、成都、郑州、武汉、上海、深圳等站，预售票开售仅几分钟便售罄。

综艺领域从来都是热门IP的制造机。“超女”“跑男”“好声音”……每个家喻户晓的IP都足以代表一个行业鼎盛时期的经典综艺。但当我们把它们拿来与“乐队的夏天”做对比时，我们也发现，它们在内容搭建的体系和延伸上有着非常大的区别。

对于传统季播综艺来说，节目模式就是一切。所以我们在“超女”时代记住了“PK”，在“跑男”身上记住了“撕名牌”，但是如果要问观众对具体哪一期节目中的哪一段内容印象最深，恐怕观众很难给出答案。按照以往季播综艺的成功经验，恐怕就只有通过在内容中不停地开放更多商业权益，以及制作综艺大电影来加深观众的印象，但最终的结果是直接透支了IP的价值和影响力。这些爆款季播综艺节目总结出的成功经验，往往局限在每一季节目内容本身的价值挖掘上，而忽略了对IP的长效运营。

因此，完全以节目模式为主的传统季播综艺，往往收官即结束，无法像《乐队的夏天》那样，在收官后还能够在节目之外的演唱会上收获持续的影响力和价值变现。传统季播综艺只看重节目模式，忽略了IP的长效运营，错失了更长的生命周期所能带来的巨大价值。所以要想实现IP的长效运营，就需要在节目其他内容元素上找到突破点。

《乐队的夏天》的节目模式是乐队竞演，其实与选秀没有特别大的区别。但是它邀请来的各种不同风格、不同类别的知名和不知名的乐队，恰恰共同组成了最丰富、最戏剧性的节目元素。这也是节目能够顺利“出圈”，甚至能够脱离节目模式实现IP独立成长的重要原因。

《乐队的夏天》邀请的新裤子、反光镜、刺猬、痛仰等一批中国青年乐队，自带观众和影响力。加之不同风格、不同类型的乐队聚集到一起，首先就为节目奠定了数量可观的观众基础。这些乐队作为节目内容的核心来源，也决定了每一部分的内容都能够准确击中至少一部分观众的内心，从而在“乐队的夏天”这个IP下频繁产生共鸣，塑造了IP多元的内容印象。

此外，IP要想做到长效运营，“出圈”必不可少。不难想象，如果《乐队的夏天》没有“出圈”，那么最终也只会沦为一档粉丝在线自嗨的音乐节目。所以《乐队的夏天》在成功塑造IP的同时，还借助话题乐手等内容素材，在已有的受众之外形成话题传播，扩大影响范围，如此就使得IP的影响力脱离了节目本身，在节目收官之后仍然能够保持影响力。《乐队的夏天》巡回演唱会的票房表现，也证明了这一点，票房即市场认可。

从广告主的实际需求来看，他们当下更乐于投放能够在当季形成话题并成为爆款的节目。此外，广告主对于综艺营销的需求也从节目内扩展到了节目外，品牌的营销思维也已经从整合营销升级到了全链路思维，除了在不同内容载体上实现品牌传播，他们更希望与真实受众进行沟通并实现销售转化。比如麦当劳与《中国有嘻哈》深度合作，在内容投放之外，还改造了多家线下嘻哈主题店面。《奇葩说》更是开发了冠名客户与电商渠道带货新的合作模式，带动了江小白、海澜之家等的线上售卖。爱奇艺推出的《乐队的夏天》这一档能够“出圈”的综艺节目，无疑已经具备了在节目之外拓宽品牌传播范围、实现销售转化的能力。

PART V

新文创
商业观察

“新的转机和闪闪的星斗，正在缀满没有遮拦的天空，那是五千年的象形文字，那是未来人们凝视的眼睛。”

——北岛《回答》

第十八章

数字化时代的非物质文化遗产

非物质文化遗产是我国优秀传统文化的重要组成部分。今天，当我们在探讨“非遗的保护与传承”这个话题的时候，“非遗”的概念对于公众而言早已不再陌生，保护非遗也日益成为社会自觉。

2018年6月6日，《人民日报》刊发时任文化和旅游部副部长项兆伦的署名文章《非遗保护要见人见物见生活》。文章如此阐释，“这些年的非遗保护工作确立了一个重要理念：见人见物见生活。非遗是一个文化现象的整体。非遗不只是一件件体现文化传统的产品或作品，它更是可见、可参与的生活……要支持非遗回归社区，回归生活，让非遗在千家万户的日常生活中得到体现和传承，成为当下的生活方式。”

相信有人也会有疑问，非遗到底有没有回归生活呢？

怪圈：越保护，传统文化越脱离生活

先和大家分享一个发生在陕西的故事。在2019年6月第14个文化和自然遗产日到来前，陕西省非遗项目大白杨社火的传承人——82岁的侯宗海先生，主动联系西安非遗保护中心，表示要将大白杨社火近年来的国家补贴悉数捐出。他为什么要这样做？

2006年，大白杨社火被选为陕西省非遗项目，共有2名传承人，侯宗海是其中一位。自那以后，大白杨社火只耍了一次，就再也没有过第二次。大白杨村位于西安市西二环以内，从村落到城中村，再到城市社区，随着城市化进程的加快，其村落的性质消失殆尽，失地农民变为居民，因此最原始的通过社火祈求五谷丰登的诉求逐渐弱化。加之大白杨村位于交通要道上，耍社火的条件又被进一步限制，侯宗海也想过很多办法，可是都没有成功，最终他只能选择放弃这项非遗传承，将所得补贴悉数捐给大白杨小学。

不可否认，近年来国家非遗保护工作成绩斐然。中国传统工艺振兴计划深入实施，传统工艺工作站和非遗扶贫就业工坊建设稳步推进。中国非遗传承人群研修研习培训计划累计覆盖人群达到7.1万人次。我国列入联合国教科文组织人类非遗代表作名录的项目达40项。文化和自然遗产日、成都国际非遗节、全国非遗曲艺周、中国非遗博览会等非遗相关节日和活动遍布神州大地、影响广泛。

但一直以来，政府对待非遗多以“保护”“扶持”“拯救”甚至“抢救”为主。比如从2008年开始，中央财政对国家级代表性传承人提供每人每年8000元的传习补贴，而从2011年开始，这个金额提高到每人每年10000元。在2012年至2017年底的五年间，针对非遗保护，中央财政共投入46亿元，地方财政累计投入39亿元，用于向非遗传承人发放传习补助、建设非遗文化生态区等。财政补贴当然是“万金油”，但治标不治本。一方面政府财政支出有限，能够分给非遗的比例不高；另一方面，许多非遗项目脱离了市场竞争，自身造血功能逐渐丧失，越保护越濒危，最终只能沦为博物馆里的展品。

2005年非遗普查前后，中国经历了短暂而荒唐的“非遗申报潮”，出现了大量生造滥报的产物。中国第一次非遗普查结果显示，全国各级提报的非遗资源总量达到87万项，平均每个省级行政区超过2万项。其中，大部分非遗都与当地人的生活没有任何关系。收到87万项申报资源后，专家们才意识到，这样的申报只能增加废纸量。显然，传统文化的传承与发展完全靠体制包干是行不通的。2019年11月29日，文化和旅游部正式印发《国家级非物质文化遗产代表性传承人认定与管理办法》，细化“取消传承人资格”条款，完善传承人退出机制。这相当于从国家层面，对于之前的暂行政策进行了调整。不过，推动非遗重归大众视野，还有许多来自民间的力量。

回潮：注意力经济与非遗破圈

我们再来分享另外一个由“三声”编辑部张友发记录的非遗故事。

泸州油纸伞销售鼎盛时曾经年销量过千万把。但后来每年只能卖出几千把。2008年，泸州油纸伞成为国家级非遗保护对象，但油纸伞仍然没有改变远离大众的窘境。非遗传承人余万伦制作的“四川泸州油纸伞”工艺复杂，他曾尝试用新媒体平台推广产品，开直播表演油纸伞制作，但观看者不过几百人。

经过对扇面的改进，油纸伞的销量有所提升，但油纸伞仍离年轻人很远。“年轻人买油纸伞的相当少，几乎没有。”偶然的机会，余万伦在抖音上发布了制作油纸伞的视频，结果收获了意想不到的成功。现在他的一条短视频能获得上千条评论，而喜爱汉服的年轻女孩更成为油纸伞的购买主力。

除了手工技艺，表演类的非遗项目也可以通过抖音获得关注，扩大线下票房。京剧演员王梦婷在抖音上走红后，其曝光度和变现能力也随之提升。2020年，其演出票房增加了20%，增量多来自年轻观众。这些只是非遗在抖音上获得破圈效应的一个缩影。目前1372个国家级非遗项目中，抖音已经涵盖了1214项，涵盖率达88.4%。这些视频被播放超过1065亿次，获得点赞超过31亿次。

互联网将一切变成了注意力经济，“非遗”也不例外。通过年轻化的平台，非遗真正在大众中回潮，其实也就是最近几年的事，先是在微博、朋友圈，然后是在直播平台、短视频平台。

在中文网络上，“古风回潮”起步于将近十年之前，仙剑、古剑等游戏爱好者，以及小说、动漫迷们开始缓慢而坚定地集结，创造了汉服、古风歌、诗词等新圈子。虽然古风爱好者的水平参差不齐，但他们在争议之中，一步步将“古风”带进了主流审美和自己的日常生活中。在这种风潮的影响下，传统文化重新受到关注和流行。从2017年起，各大主流直播平台开始扎堆直播非遗。之后，短视频平台加入进来，成了非遗传播的“重镇”。非遗的商业故事，还在进行中。

维新：以年轻商业的社会思维激活传统文化资源

在过去的十多年里，非遗越来越像一块金字招牌，彰显着“遗产”的稀缺性，成为投资人眼中的金矿，各式商业实践日趋活跃。

通过电视和网络的传播，中国传统文化的“声量”逐渐扩大。非遗似乎重新获得了丧失70年之久的群众基础，从工艺美术厂和地方艺术团中走了出来，在电商平台的帮助下，回到日常生活中。根据淘宝发布的报告，2018年，中国人仅在这一个平台上就购买了近12亿件“非遗”和“老字号”商品。2020年7月，京东宣布非遗频道正式上线，目前已汇集近3万件非遗作品，全面打通“电商+非遗+扶贫”的线上线下一体化路径。而在短视频平台上，非遗传承人正在网红化。专业的MCN机构，能帮助手艺人们完成内容输出。一门能够令人大呼厉害的手艺就足以吸引到流量，并且转化成购买力。

非遗在这些年轻化、大众化的内容渠道里发生的变化，也引起了学术界的关注。中国社会科学院学部委员、民族文学研究所所长朝戈金研究员发表的《从招财猫传统到借势宠物消费——非遗传承新业态的创造性转化与创新性发展》一文中提出："以非物质文化遗产工作而论，其历史轨辙、现实遭际、地方知识、美学品格、传承规律、实践方式、社会功能、文化意义等，都在通过迥异于传统的方式和平台，以难以想象的速度和广度传播和接受。声音、文字、影像、超文本链接、云技术等，即便没有取代传统非遗的存在方式和传播方式，也已经成为非遗传承和传播的新业态、新走向。"

关于这些正在发生的变化，我们不会轻易总结或定义它的好坏。但我们有理由期待，未来非遗会变得更加"时尚"，也会有更多的人在非遗领域里不断尝试。非遗的创新不是简单的弃旧扬新，而是不断地回到传统，在旧事物中重新发现新思维。

就现有非遗产业链而言，政府关心保护、传承，平台关心内容、流量，商家关心带货销量，整体形成了朴素的文化消费价值链条。但从非遗产品本身的产能、定价、需求价值以及使用价值而言，"就物谈物"是有天花板的。比如余万伦在抖音上发布了50个视频后，现在油纸伞的订单已经排到了2021年。传播的声量大、收效显著，并不能完全解决非遗发展的所有问题。有人说，可以通过很多方式来解决生产问题。没错。但你能够保证为此增加的成本始终能够满足市场的需要吗？能够保证项目始终在传播中保持较高的热度吗？能够保证始终让年轻人保持消费动力吗？

这个世界似乎变得比以往任何时候都更加反复无常。这些瞬息万象的改变与更迭，本身就值得我们去梳理和思索。你无法预知下一个热门的“风口”到底是什么，唯有让自己在变化中保持初心。

仅就我个人的观点来看，未来非遗发展的道路理应更加广阔。所谓传承，“传”的是技艺，“承”的是精神，二者缺一不可，相互统一。非遗是承载精神的容器，以工为法、以艺为道。可是长久以来，人们未免过于重“技艺”而轻“精神”。人们往往执着于非物质文化遗产的物质载体，也就是产品本身，围绕着非遗产品的保护、开发与创新做了很多文章，但少有人去关注非物质文化遗产的非物质部分。

非遗的传承与发展不能与时代的变化脱节。众所周知，物质的东西在快速迭代，非物质的符号却能千载传承。在已经初露端倪的数字化时代，数字化基因带来前所未有的规模、速度以及影响力。我们不得不直面非遗在数字化时代的生存发展问题。我们希望用年轻、商业的思维方式，给非遗带来全新的价值变革，让非遗的某些商业面貌可以变得更年轻，但不只是“年轻人的商业”。我们希望，我们的声音传达的不只是商业模式，而是认知迭代。

2019年10月17日，以“传承多彩文化　创享美好生活”为主题的第七届中国成都国际非遗节拉开帷幕。来自全球86个国家的1100余个非遗项目、5600余名代表共襄盛会，上演了一场有颜值、有价值、有力量、有影响的国际性文化盛会，奉献出一场汇聚世界非遗的文化盛宴。6天，5510万元——这是非遗节首度举办的中国非遗创意设计作品授权展交出的答卷。

不同于以往以实物为主的非遗展览，中国非遗创意设计作品授权展聚焦非遗符号的授权和转化，邀请了53家IP版权方参展，拿出300多个IP授权元素展出洽谈，通过“时代共振、传统共生、合作共创、传统工艺与现代生活”四大主题展区，展现非遗跨界的成果，吸引了众多业界大咖关注。经过6天的洽谈与对接，中国非遗创意设计作品授权展最终成功对接项目80余个，洽谈签约金额达到5510万元，有效推动了非遗成果转化，激发了非遗的“创造力”与“市场力”。

从倡导非遗保护到聚焦非遗授权，在过往的十多年里，关于非物质文化遗产传承保护与商业化、产业化开发的争议始终不绝于耳。非遗在传承中究竟应不应该创新，又该如何创新，如何在当下的时代语境中去讲述关于传统文化的故事，尤其不能是简单的元素拼接，而是要让文化内涵打动人心，都是待解的关键问题。

早在20世纪中叶，中国政府就开始组织文化工作者对部分传统文化遗产进行调查和研究，使许多濒临消亡的非遗得到了抢救。1997年5月20日，国务院颁布了《传统工艺美术保护条例》，明确提出“国家对传统工艺美术品种和技艺实行保护、发展、提高的方针”，并确定传统工艺美术的保护标准。2000年之后，“非遗”与“保护”逐渐走进大众视野。从政府到民间，大规模文化遗产抢救和保护工作仍在进行。

虽然我国非物质文化遗产保护工作起步早、起点高、成效显著，但是，非遗的存续发展和保护传承工作依然存在不平衡、不充分的现象。国家为了开展非遗保护工作推行了很多行政手段，但如果非遗始终没有完成现代化的革新，它只会慢慢地变成博物馆里的陈列物。我们仍旧需要探索更加有效的保护方式，进一步优化相关工作机制和资源，不断提高保护传承的能力与水平。

联合国教科文组织将非遗定义为，“社会实践、观念表述、表现形式、知识体系和技能以及相关的工具、实物、工艺品和文化场所”；中国对于非遗的定义是，“各族人民世代相传并视为其文化遗产组成部分的各种传统文化表现形式，以及与传统文化表现形式相关的实物和场所”。

从官方定义来看，非物质文化遗产是“有形”和“无形”的统一。当下，关于非遗的三种产业化路径之间并没有落后与先进之分，只是切入角度不同。起初，人们基于非物质文化遗产的濒危性，更多的是从发掘和保护的角度来记录传承。随着非物质文化遗产保护工作的不断展开，越来越多的人围绕非遗的“有形”部分进行商业化和产业化探索。时至今日，面对非遗在未来文化产业发展趋势的命题，非遗授权成为传统文化资源创造性转化与创新性发展的新途径。

非遗授权是艺术授权的一个垂直领域。作为艺术品产业化的国际通行模式之一，艺术授权在本质上表现为文化艺术的生产与再生产行为。通过艺术授权，非遗不仅实现了艺术理念的重构和文化价值的再造，而且深层次地优化了资源要素，开启了产业价值。

艺术授权的概念进入中国已经有十几年的时间了，在中国日益重视的文化产业的推动下，艺术授权开始展现魅力。目前，我国IP授权产业仍处于初级阶段。根据国际授权协会发布的《2019年全球授权业市场调查报告》，2018年全球授权商品零售额增长至2803亿美元，其中以中国为代表的第五大消费市场产业规模逐年提升，销售额达到95亿美元，涨幅达6.7%，但与欧美、日本等授权产业几近成熟的国家和地区相比，尚存在很大差距。

据国外数据统计，在艺术市场交易中，艺术衍生品的成交额几乎是原创艺术品市场的6倍。以非遗项目里的景德镇陶瓷为例，陶瓷产业交易一年的成交额大概为400亿元，但是原创艺术品可能只有2000万元左右的销售额。传统的非遗交易模式之所以走得艰难，是因为它在生产工艺、销售渠道、营销方式等方面都有局限性，这就形成了很大一个问题：非遗传承人和市场，或者说供应端和需求端之间是有断层的。

授权模式将给非遗产业带来新的改变和超越想象的可能性：非遗文化可以通过无数种方式，在不同的渠道被无限次交易。当然这个命题很新，因为它还没有成长为一个成熟的体系，大家都在继续摸索。虽然有国家政策、产业发展、消费需求等方面的助力，但国民对于非遗的关注还没有被全方位唤醒，传统文化全面复兴之路道阻且长。文化与时代的融合和发展是不可阻挡的，所以主动求变是趋势所在。

非遗授权，让传统文化“活”起来、“火”起来。

第十九章

变局之年的电子竞技

起源于游戏，兴盛于互联网大潮，得益于政策助推，中国电竞产业从电子“海洛因”到获得官方正名，已经步入行业发展快车道。今天的电子竞技，已经成为集科技、竞技、娱乐、社交于一身的体育产业，规模扩大潜能突破、政策扶持初显成效、商业融合产业升级，都在彰显着中国电竞行业发展已经进入新阶段。

2019年，是全球电竞市场的一个重要里程碑：全球电竞市场规模首次超过10亿美元。放眼全球，发达国家迎来电竞投资热潮，发展中国家群众基础迅速扩大。传统体育经济与互联网产业触角的共同延伸，加速了全球电竞产业的成长。

经过多年的摸索，中国电竞商业模式逐步完善。赞助及冠名收入、转播权、赛事直播用户付费成为主要收入来源。电竞赛事是电子竞技产业生态体系的中流砥柱。电竞产业链包括“上游的内容授权、中游的电竞赛事、下游的内容传播”。

赛事是电竞生态体系的核心，成功的电竞赛事可以反哺游戏内容本身，而电竞内容传播和泛电竞衍生产业也均围绕着电竞赛事展开。

2019年全球网民数量为43.9亿人，其中电竞观众约占10.34%，中国如今已成为全球最大的电竞用户市场，拥有全球数量最多的核心电竞爱好者，达到7500万人。随着电竞的出圈和普及，中国电竞用户基础将进一步扩大，预计在2022年，中国电竞用户将达到4.3亿人，这意味着近1/4的中国人都在关注电竞。电竞行业和电竞文化在主流社会的崛起令人惊叹，而且未来可能会更加光明。

电竞这个行业最特别的地方在于，从从业者到消费者，大都是年轻人。根据腾讯电竞发布的《2019年度中国电竞人才发展报告》，44%的电竞从业者不超过25岁。被称为年轻人交流方式的电竞，因为原生于电脑、互联网，与生俱来的“线上属性”天然具备抵抗新冠肺炎疫情风险的能力，但也逃不开新冠肺炎疫情对于第三产业的整体冲击。

新冠肺炎疫情持续期间，是一个良好的窗口期，让电竞从业者去回顾、调整并积极迎接即将到来的下半场挑战。与上半场跑马圈地的阶段不同，下半场是一场截然不同的竞争，从野蛮粗暴到精细化运营，当下正是转型之机。今天，我们带来关于电竞产业在新冠肺炎疫情后行业发展和产品创新的三个趋势性思考。

“城市电竞”被重新定义

回顾北京市政府宣布的新冠肺炎疫情后经济恢复措施，为什么电竞产业会被率先提上恢复“疫后经济”的议程？

众所周知，新冠肺炎疫情期间，以网络游戏、网络视频、数字音乐、知识付费等为代表的“在线经济”文化业态取得了爆发式增长。北京文化产业相关主管部门准确捕捉到了疫情给文化产业带来的新变化，由此足以看出政策制定者力图在文化产业中培育经济新动能，在文化产业中布局新经济格局的用意和决心。这样的决策立足于发挥文化产业对国民经济的带动作用和对城市更新的影响力，符合北京市文化产业的发展特点和长远发展方向。

当下，全国各地积极拥抱电竞，主要出于对电竞“赛事经济”的看好。办赛事本身不一定挣钱，但可以为城市带来巨大的曝光量和关注度，带来可观的旅游流量，也能够带动诸如游戏开发、游戏运营、动漫制作等相关产业的发展，间接拉动其他相关产业的发展。

而此前在全国范围内潮起潮落的“电竞小镇”项目，显示出地方政府依托电竞产业带动经济的期望。这些项目大多因为电竞产业基础薄弱、缺乏头部赛事等致命缺陷而举步维艰。重走“电竞+地产”之路当然不可取，但我们也能看到依然有大量的场景缝隙“涌现”。LPL赛事体系“主客场制度”还没有实现全国性主场覆盖；“王者荣耀”和哈尔滨冰雪大世界合作的冰雪主题景区可以是“电竞小镇”的另类表达；除了官方赛事及第三方赛事，中国电竞仍需要提供更多的基层赛事，让更多的用户能够从赛事中找到电竞的地域归属感及荣誉感。

电竞文化破壁带来的跨界生存力

从诞生之初，电竞行业就不断地出现衍生文化内容。如S7的“毒奶”、S8的“立Flag”、S9的电竞春晚和下饭文化等能够被玩家关注与广泛传播的“梗文化”内容不断推陈出新。各种互联网平台为电竞“梗文化”的流行提供了土壤，而且在传播中不断为其提供新素材，这使得电竞文化具有非常强的发展力和破圈力。对于电子竞技来说，这也是它从“小众”到“主流”的必经之路。

越来越多的商业力量瞄准了庞大的青年群体在游戏市场的活跃度，比如星巴克与“王者荣耀”在线下店面合作，为使用店铺Wi-Fi进行王者荣耀游戏的玩家提供全英雄与全皮肤福利，以此来吸引电竞人群。

电竞在与各种传统品牌的合作中，找到了一条全新的生存之路，比如LOL与LV品牌的联名皮肤、和平精英与玛莎拉蒂的联名活动等。数百万名粉丝通过收看电竞赛事实现了观看广告、购买商品、活动集资、追随他们最喜爱的玩家和品牌以及进行游戏道具购买等多种商业转化。这些跨界合作不仅给电竞带来了知名度和经济效益的提升，还指出了一条围绕年轻人数字生活方式展开的跨界式创新路径。

电竞产业毕竟不同于传统的体育产业，需要发掘自身独特的生存之道。在反响平平的网生电竞综艺、电竞线下的剧场演出和实景剧目、方兴未艾的电竞酒店、综合性的专业电竞场馆、电竞IP潮牌店、电竞主题餐饮等题材上，仍有大量需要创新和品牌化的空间。新文创下的电竞，内核之外可以是一件卫衣、一档综艺、一部小说，又或者是一次整合营销，需要在吸引庞大人群流量的同时，通过IP营造推动电竞产业下沉与落地。

中国故事的新时期打开方式

在当下的全球文化消费图景中，互联网技术的发展促使信息传播的地域差被磨平，年轻人被发达国家输出的强势文化所吸引，加速抛弃传统的民族文化，文化消费呈现出显著的马太效应。

目前，全球60%的动漫产品来自日本，50%的总放映时间归属美国电影。强势的文化输出地位，源自两国完善的发行体系和授权产业。而中国文化却面临着一种“酒香藏于深巷”的困境。让世界了解中国、输出新时代的中国文化符号，正变得前所未有的重要。走出去，不仅是文化IP自身的需要、文化产业的需要，也是国家的需要。

近年来，中国电竞在国际顶级赛事和大型传统体育场上频频亮相，并不断取得优异成绩，使全球见证了中国电竞的成长速度，也为文化产业拓展了新场景，为中国文化输出带来了弯道超车的机会。比如游戏《王者荣耀》海外版Arena of Valor，已在全球超过85个国家和地区上线，注册用户数量破亿，目前两个版本的注册用户总数已达全球移动游戏第一。再比如2018年《英雄联盟》MSI季中冠军赛，在这场在德国柏林举办的比赛中，欧洲战队Fnatic的粉丝纷纷拿起印有中文标语的RNG战队应援物，用生硬的中文为中国战队高喊“加油”。在新时代的背景下，“电竞外交”也许会走上世界的舞台。

众所周知，游戏是有生命周期的，电竞也是。所以，中国电竞仍然在等着新的游戏、新的项目出现。而在那之前，如何深入挖掘现有的核心项目和快速挖掘新项目都是需要解决及思考的问题。

当下电竞行业面临的冲击是短暂的，我们更期待业内有识之士可以在“沉淀”中爆发，用成本、体验、效率的结构性变化，改造我们习以为常的每一种电竞消费常态，同时也为中国文化符号的打造与出海，创造更大的可能性。

摇滚乐都有夏天了，电竞的还远吗？

第二十章

未来游戏产业竞争的三大核心战场

2019年年底，一款名为《健身环大冒险》的Switch游戏迅速走红。在这款主打健身的游戏中，你需要通过做出相应的健身动作释放技能，才能一路打怪升级，推进剧情。凭借将枯燥的健身运动游戏化的新奇玩法，这款游戏上市前便吸引了很多玩家。

这款发售价约558元的游戏，在电商平台上的价格一度接近700元。当时，不少网友都认为价格被炒得过高，决定观望一阵再做打算。但谁也没有想到，期望中的降价没有等到，随着2020年新冠肺炎疫情的突然爆发，这款游戏的价格反而一路水涨船高。

此前，任天堂就《健身环大冒险》发售之后缺货一事，在官方网站上发布过致歉声明，表示将继续增加出货量。2020年2月6

日，任天堂再次发布公告，直言因为受到新冠肺炎疫情的影响，《健身环大冒险》不仅“货源短缺”，连运输也受到影响。由于长期供给不足，如今电商平台上该游戏的售价已超过原始售价的3倍，被网友戏称为“理财产品”。

自1972年经典街机游戏Pong面世以来，游戏产业的发展历经几轮巨变。遥想当年，游戏界尚处于萌芽阶段，而这款乒乓球模拟器游戏取得了重大成功，并为以后游戏行业的蓬勃发展拉开序幕。

游戏主机战争迄今已历经八个世代，每个世代都伴随着巨头之间的残酷竞争。目前，全球游戏主机市场主要包含两大阵营，即索尼PS4和微软XBOX领衔的家用机市场，以及以任天堂Switch和索尼PSV为代表的掌机市场。全球游戏行业在短短几十年间风起云涌，雅达利、NEC、世嘉这些昔日霸主已经退出市场甚至销声匿迹。欧美3A游戏制霸市场，中国游戏巨头迅速崛起，steam商店琳琅满目，电竞市场浪潮汹涌。价值千亿美元的赌注，在巨头之间反复摇摆，无论技术、成本、市场优势，还是生态系统优势，都不足以保证胜利。

当时间来到2007年，苹果公司发布了初代iPhone。让人们没有料到的是，这样一部革命性的移动电话并不仅仅是“一个划时代的互联网通信工具”，它和它的竞争对手们还将成为历史上迄今为止最成功的游戏平台。第二年，App Store上线，无数第三方应用涌入智能手机市场，游戏应用程序当然不会缺席。伴随着之后

iPhone手机的更新换代、谷歌安卓系统的持续升级，智能手机以其更轻便小巧、更低门槛、更丰富的游戏体验和交互式玩法吸引了无数玩家，也给游戏行业带来更大的革新与冲击。

那么，智能手机会彻底颠覆游戏行业的生态吗？

求生之路：传统游戏厂商的手游探索

如今，游戏主机的第八世代已接近尾声，第九世代尚未到来。面对着游戏主机和PC市场被智能手机所取代的趋势，传统游戏大厂和众多经典IP也纷纷试水手游。有些厂商确实尝到了甜头，也有些厂商却遭遇重挫。

在2018年11月的暴雪嘉年华上，手游《暗黑破坏神：不朽》作为压轴品被公布出来。游戏一经公布就收到了来自玩家的普遍质疑：玩家苦等的暗黑新作居然是一个低成本高氪金的手游！这一游戏引起了轩然大波，无数玩家在论坛中发起抵制活动，Youtube上的游戏宣传片也被疯踩。动视暴雪在纳斯达克的股价在2小时内直接下挫5%。

许多玩家对暴雪的印象，还停留在网络游戏《魔兽世界》引领MMORPG领域的时刻。在PC和主机游戏领域成功的暴雪却似乎在手机游戏方面一直落后于行业进度。真正打响移动端尝试第一炮的其实是暴雪近年来最优秀的游戏之一——《炉石传说》。

这款产品也是暴雪探索移动端的重要一步。Sensor Tower商店情报数据显示，《炉石传说》手机版自2014年上线以来，全球玩家在Apple Store 和Google Play两处已累计付费6.6亿美元。这一款适配移动端的游戏，让暴雪尝到了甜头。

作为暴雪首款“端转手”作品，《暗黑破坏神：不朽》所承载的意义不言而喻。在旗下众多的超级IP中，暴雪选择了“暗黑破坏神”。作为暴雪首款RPG（Role Playing Game，即角色扮演游戏），“暗黑破坏神”系列面世至今已逾20年，通过不断的成长和蜕变，现已经形成了一个庞大的IP生态体系。“暗黑破坏神”系列不仅开创了ARPG（Action Role Playing Game，即动作角色扮演游戏）全新流派，更成为影响几代玩家的文化符号，在玩家心中及业界的地位无人可及。此外，暴雪近年来也一直在为其实现跨平台而努力，目前暗黑系列游戏已成功登录PS3、PS4、XBOX ONE、NS等平台。由此可见，其作为暴雪核心IP之一，首先进军全球手游市场也在情理之中。

当一个历史悠久且深受玩家喜爱的游戏系列发生明显的、巨大的改变时，玩家用“dislike”的方式表达了对《暗黑破坏神：不朽》的“担忧”。这不仅仅是玩家的情怀作祟，其根源还在于，人们普遍认为手游目前的深度与暴雪的“伟大”不匹配，基于这种“共识”，玩家对暴雪产品线接下来的发展抱有隐忧和焦虑，似乎是合乎常理的。

“暴雪出品，必属精品”，这句在PC时代流传已久的八字真言，不仅是暴雪辉煌时期的缩影，也是游戏快消时代下暴雪的沉重包袱。虽然玩家们群情激昂地在视频网站和社交媒体上炮轰暴雪，但暴雪并没有停下进军手游市场的脚步。虽然进入手游市场的时机晚了些，但毕竟暴雪手握巨量爆款IP，越来越多的暴雪经典势必将会被制作成全新手游。

问题来了，在当下这个时代，难道开发手游市场是传统游戏厂商唯一的“求生之路”吗？答案或许并非如此。数据显示，截至2019年，全球游戏行业收入1488亿美元，其中移动游戏（包括智能手机和平板游戏）收入占了全球游戏市场的46%，主机游戏收入占比30%，PC游戏收入占比24%。即使智能手机来势汹汹地抢夺了原先主机游戏和PC游戏的市场份额，但依然进入了增长全面放缓的阶段。

在手游领域，相比暴雪的困局，任天堂近些年的表现也极为活跃。2016年发布的现象级游戏《宝可梦GO》成为当年多个国家的游戏榜单冠军。《超级马里奥RUN》创下了首日285万次的下载纪录。《火焰纹章：英雄》上线一年营收高达2.95亿美元。再比如任天堂Switch主机，截至2020年3月Switch家族总销量已经突破了5280万台，其中《健身环大冒险》自2019年11月发售以来已经卖出了1606万套。Switch没有一味地追求硬件上的突破，而是以内容独占和创意玩法等核心优势来吸引玩家。对于任天堂来说，技术只是达到快乐游戏的手段之一，并不是目的本身。这种质朴的工匠精神也让任天堂在销售业绩上获得了市场认可。为什么任天堂的手游赚得盆满钵满，而暴雪做手游却遭遇抵制？或许我们得回到电子游戏的根源上去寻找答案。

核心战场：未来游戏产业竞争的三大核心

历史学者赫伊津哈在《游戏的人：文化的游戏要素研究》一书中对于游戏有着非常充分的论述。他认为人类是一种“游戏的动物”，游戏是人类的一种元冲动，贯穿人的一生和社会的各个阶段。不同玩家在游戏中的追求不同，他们通过游戏获得满足，得以始终保有旺盛的创造力和好奇心。无论外在表现形式如何革新，游戏的本质始终是唤醒人们的“幸福生产力”。

当下的电子游戏，对于当代社会来说更像是一种前所未有的强大媒介。而未来，游戏产业的竞争将主要集中在三大核心战场：一是优质内容；二是技术革新；三是分发平台。

1. 优质内容

关键词：IP、UGC、游戏直播

不管是端游时代、页游时代、手游时代，还是下一个新的游戏时代，优质内容永远是稀缺的。游戏的质量和数量是吸引玩家的最大亮点，内容优势将成为游戏可持续发展的重要因素。游戏自身的内容足够丰富，才能让玩家产生较高的黏度。

优质内容的竞争最终会演变为IP竞争，那些手握经典IP的传统厂商在这方面有着不可比拟的优势，但其中也不乏借情怀之名，拿经典IP炒冷饭、挣快钱的厂商。

内容的生产不仅仅来自厂家，消费者也是游戏的共同创造者。玩家通过地图编辑器修改游戏中的部分资料，衍生出一种全新的游戏类型。比如DOTA和《英雄联盟》，从一张玩家凭兴趣制作的War3地图，到如今风靡全球的电竞项目，再到后来深受其影响的《刀塔传奇》《王者荣耀》等，在游戏的演变过程中诞生了很多商业传奇。与游戏厂商的原生内容相比，UGC不仅可以迅速扩大游戏规模，而且成本较为低廉。

与玩游戏相比，观看、浏览游戏类内容的门槛要低得多，从中获取乐趣的可能性似乎也更高一些。SuperData曾发布过一组数据，在如今火爆的吃鸡游戏中，玩家与观众的比例为1：15。对大部分的初级玩家来说，看大神直播或者精彩操作的集锦，能够获得的乐趣有时甚至大过亲自玩游戏。数据显示，2019年快手首次直播英雄联盟总决赛（S9）时，首日在线观看人数突破2500万，总观赛人数达7400万。火爆数据的背后是中国游戏直播平台市场规模的高速增长，行业正处于深度商业化的进程中。

2. 技术革新

关键词：VR/AR、云游戏跨界生存

近年来，在每一轮技术变革中，游戏都是最早参与的，推动着新技术与新设备的普及。从早期的街机、红白机、家用主机、掌机、电脑，跃迁到手机、平板电脑和智能硬件，游戏产业变迁的背后是信息产业的变迁。传输技术的变革和升级，引领着游戏形态不断进化和升级，从而为游戏产业带来一次又一次的发展机会，促使游戏产业的商业模式、产业链结构以及参与者都随之发生演进与变迁。

那么下一个更大级别的机会可能是在什么时候呢？

2018年，导演斯皮尔伯格的热门影片《头号玩家》为我们提供了一种炫酷的全景式游戏体验。这部赛博朋克风的影片的故事设定在2045年。电影中致敬经典的各种彩蛋令无数粉丝疯狂，影片中VR游戏“绿洲”中的世界更是给观众留下了深刻印象。

当然，电影里出现的“绿洲”世界，距离现实还有一段距离，但我们完全可以看到VR游戏可以带来什么。和传统游戏带给玩家的疏离感不同，VR游戏始终强调沉浸感，通过技术将其与玩家的距离无限拉近。现有的VR硬件确实存在性能不够强大和体验不够良好的问题，但随着硬件产品的迭代，相信终有一次杀手级的硬件创新将带领我们走进现实版的“绿洲”世界。

相比亟待提升体验感的VR硬件，云游戏市场则呈现出更加惨烈的竞争图景。云游戏是以云计算为基础的游戏方式。所有游戏都在服务器端运行，内容将不再受终端设备的束缚，游戏成为即时可得的服务。云游戏其实不是一个新概念。早在2009年，Onlive便成为第一个将云游戏带向市场的公司，在2015年它被索尼公司收购。最近几年，虽然陆续有公司试水云游戏市场，但困难重重。云游戏在前期未能快速发展，关键原因是对网络带宽与时延的要求得不到满足。

现在全球很多国家和地区已经开始5G商用化的进程。数据统计显示，到2023年全球的5G用户数量有望突破10亿人。5G网络具备高速率、大容量、低延时的特征，将破除云游戏发展的核心瓶颈。

如果我们换个角度来理解，云游戏的本质是视频，只不过它是一种交互式的视频流。在网络带宽的技术问题得到解决之后，各大厂商之间在云游戏领域的竞争，在很大程度上会演化为云计算技术的竞争。未来，Netflix、YouTube等流媒体平台，甚至Facebook、微信等社交媒体平台都有可能跨界进入云游戏行业，从而给原本就拥挤的云游戏竞争市场带来更大的变数。

3. 分发平台

关键词：市场“蛋糕”转移、平台激战

从历史经验看，游戏平台和发行渠道的多寡决定着游戏厂商在市场中能否占据优势份额。而当我们步入云游戏时代之后，玩家可以不用下载安装游戏，即点即玩。这将导致游戏应用商店的作用被

弱化，市场“蛋糕”可能会发生转移。

过去的十年，我们已经见证了流媒体行业史诗般的激战。各大平台之间的竞争给我们带来了一大批优秀的影视作品，甚至拉动了传媒技术的进步。从目前的战况来看，Netflix和YouTube逐渐成长为行业领导者，而苹果和迪士尼等巨头作为流媒体战争中的新入局者加入进来，使竞争持续升温。“互联网将取代传统媒体成为娱乐产业的主要分销路径”终于得以实现。现在，同样的“角斗场”轮到游戏产业。

未来，面对着拥有丰富经验的传统游戏厂商，谁会成为游戏界的“Netflix”？抑或是Netflix主动跨界，凭借自己丰富的流媒体经验，彻底改变现有的游戏产业链结构以及价值分配格局？

此刻，一切都仿佛处于迷雾之中。

游戏作为“虚拟世界”的属性已经越来越强，虽然还没达到《头号玩家》里“绿洲”世界那样的级别，但依然让很多人每天花费几小时沉浸其中。全球数以亿计的玩家通过游戏来进行社交，而非单纯追求游戏过程中的输赢得失。游戏对于越来越多的人而言，已不仅仅是一种工具式的存在，而更像是一种生活方式。技术与内容的升级速度远远超过我们的想象，因此“游戏世界”的发展走向迄今依然让人难以预料。未来，当线上与线下、虚拟与现实的界限越来越模糊的时候，“宅经济”的盛景或将成为常态，因为彼时的游戏本身正是生活的目的与意义。

第二十一章

跨次元生意如何使商业价值最大化?

2019年6月21日，宫崎骏享誉世界的动画作品《千与千寻》与迪士尼皮克斯经典IP续集《玩具总动员4》同一天在中国院线上映。这是《千与千寻》在日本上映18年后首次登上中国大银幕。这部老片上映后连续拿下同档期票房、口碑、上座率三项冠军，最终斩获4.88亿元的票房，而《玩具总动员4》的票房尚不足其一半。无论从何种角度来看，《千与千寻》所取得的票房成绩，都是惊人的，明明有很多人已经看过无数遍，明明在互联网上随处可以找到该片的“资源”，仍有如此多的观众前往影院捧场。

众所周知，目前全球动漫产业以美国动漫和日本动漫为主。据Research and Markets的统计，2010年至2014年，日本出产的动漫电影数量高达110部，美国则以109部的产量位列第二，其他国家的动漫也在蓬勃发展中，但产出数量均小于50部。随着公众对动漫产业的认可，动漫产业在全球也迎来了发展的黄金时期。

美国是当今世界动漫产业的出口大国，经过近百年的发展，已经形成一条完整的动漫产业链，创造出了众多脍炙人口的动漫形象，成为美国重要的支柱产业之一。1934年，马尔科姆·维勒–尼科尔森少校创立了国家联合出版公司（National Allied Publications），这也是DC公司的前身。1938年，公司在《动作漫画》创刊号上创造出了世界上第一位超级英雄——超人，从此改写了美国漫画史。

1941年，时代漫画公司（漫威公司的前身）创造出了“美国队长”，从此漫威和DC开启了长达几十年的双雄争霸，至今仍是美国动漫行业两个最大的玩家。几十年来，两家漫画公司创作了数百位人们耳熟能详的漫画人物，创造了几百亿美元的出版、票房、游戏和衍生品收入。

1995年，皮克斯制作了世界上第一部全电脑制作的动画长片《玩具总动员》，影片以1.92亿美元的票房刷新了动画电影的纪录，成为当年的美国票房冠军。在此后设立的奥斯卡“最佳动画片奖”的角逐中，以皮克斯、梦工厂、迪士尼为代表的美国动漫企业包揽了绝大多数奖项。

纵观美国动漫产业的发展历程，是以动画电影为起点进而带动整个产业链发展、成熟的过程，雄厚的财力、广阔的市场和领先的技术为美国动漫产业的发展奠定了基础，也让美国的动漫产业在全球拥有了巨大的影响力和难以撼动的地位。如今，美国是全球动漫产业链最完整的国家，其动画和衍生品年产值超过2000亿美元，占其文化产业总产值的近三分之一；动漫网络游戏的产业规模也已超过1000亿美元。

虽然日本动漫产业相较美国而言起步较晚，但发展十分迅速。现如今已经成为全球最大的动漫生产国和输出国。日本动漫的发展，是一部波澜壮阔的历史画卷。二十世纪五六十年代的日本动漫主要生产专属于小孩子的低幼类内容，这些动漫作品因为低俗、浅薄而遭受社会各界的攻击。

1959年之后，少年漫画杂志《周刊少年 Magazine》（讲谈社）、《周刊少年 Sunday》（小学馆）创刊，家长和老师默许孩子可以像偶尔吃点心那样偶尔看看漫画。1963年，“日本动漫之父”手冢治虫制作了《铁臂阿童木》，家长与孩子共赏漫画的盛况出现。70年代初期，日本涌现出大批创作科幻机械类动画的动画家，相继创作了《机动战士GUNDAM》《超时空要塞》等一批影响深远的作品，漫画已经深入日本人的生活，“御宅族”文化在日本变得越来越主流。1985年，吉卜力工作室成立，其在动画大师宫崎骏的带领下出品了数十部在全球影响甚广的作品，奠定了日本动画电影在全球的地位。

动漫产业也被看作日本文化输出的重要形式，日本国内形成了漫画出版、动画制作、游戏制作等一整套产业链。动漫出口成为推动日本经济发展的支柱之一。20世纪90年代末，《精灵宝可梦》以数百种虚构卡通形象风靡全球，它在日本以外掀起了一股更大的动漫浪潮。日本动漫产业成了日本国民文化与精神消费的一个全新产业，且在帮助国家创造了超过10%以上的GDP产值之外，又有意无意地通过动漫IP树立了战后日本的全新国际形象。日式动漫逐渐和摇滚乐、好莱坞大片一样，成为影响最广泛的全球化文化之一。

动漫日益成为全球文化间传播与沟通的共同符号。动漫文化作为一种典型的亚文化，随着青年群体传播能力的加强以及海内外文化交流的开放包容，在当前的社会环境中蓬勃发展，也将日益拓展出愈发广阔的市场空间。

“哪吒”封神之后的中国动漫产业

2019年7月26日，堪称现象级的国产动画电影《哪吒之魔童降世》在全国上映。作为全球影史上单一市场票房最高的动画电影，影片以50亿元的票房成绩刷新了2016年《疯狂动物城》（15.3亿元）创下的中国内地市场动画电影票房最高纪录，并且成为中国内地市场首个动画电影年冠军，创下了包括最高首日票房、最高单日票房、最高首周票房以及其他诸多纪录。影片实现了票房和口碑双丰收，写下了中国动画历史上浓墨重彩的一笔。此外，它的制作模式对国内动漫工业化发展来说是颇有启发性意义的。

中国不是世界动画的发源地，但是起步也绝不算晚。1926年，万氏兄弟打造了中国第一部黑白无声动画短片《大闹画室》，助推中国动画进入萌芽探索期。差不多同一时间，1928年迪士尼的第一部米老鼠主题动画《蒸汽船威利》也在纽约首映。

新中国成立后，中国动画的制作日趋成熟，而且逐渐拥有了更鲜明的文化特色，以水墨、剪纸与木偶艺术为核心，诞生了《小蝌蚪找妈妈》《渔童》等经典作品。计划经济时期，国家对电影采取统购统销制，电影尚未完全市场化。这一时期最让国人激动的莫过于《大闹天宫》的诞生。据不完全统计，从1964年《大闹天宫》被搬上荧幕起，除了在国内多次放映，这部动画片还曾向44个国家和地区输出、发行，广受赞誉。

20世纪80年代起，全球动画工业化的浪潮席卷而来。大量国外动画涌入，国产动画在供给不足的情况下，生存空间更被挤压，因而逐渐沉寂。且随着原创动画人才大量流失，中国动画原创作品的数量与质量明显下滑，并且逐步向以少儿向为主的题材倾斜。

2006年，当时的国家广播电影电视总局对外实行境外动画限播令，对内出台动漫产业扶持政策，以产量和播出平台来核定标准，国内动画数量激增，但质量参差不齐。此后，中国动漫产业的发展一直未能有特别大的突破。

直到2011年《魁拔》上映，非少儿向国产动画才步入公众视野。2014年有妖气创作的《十万个冷笑话》迈入由漫画改编向动画制作发展的产业链成熟进程。2015年《西游记之大圣归来》获得9.6亿元票房，使得全年龄向的动画电影备受瞩目。随后《大鱼海棠》《大护法》《昨日青空》《白蛇·缘起》等优秀的动画电影接连在影院上映，一步步改变了大家对于国产动画电影少儿向的印象，很多父母愿意带着孩子走进影院看国产动画电影。

得益于移动互联网的发展和普及，互联网巨头们纷纷进入动漫产业布局。腾讯、网易、爱奇艺、哔哩哔哩等平台类公司以及以光线传媒、万达传媒等为主的影视类公司在泛娱乐产业的资本投入助推着中国动漫产业的快速发展。

根据艾瑞咨询发布的《2018年中国动漫行业研究报告》，中国动漫产业总产值已突破1500亿元，在线内容市场规模近150亿元。而用户规模也获得较大增长，泛二次元用户规模近3.5亿人，在线动漫用户达2.19亿人。对比国外动漫产业较为成熟的国家，中国动漫产业市场需求现在已经十分巨大，但市场供应还远远不足。中国动漫产业的产值规模相对于自己庞大的受众规模而言还有很大的增长空间。

时至今日，《哪吒之魔童降世》几乎以一己之力将中国动画电影的票房天花板拉到了50亿元以上。但这种一己之力的背后存在着隐忧，据国家新闻出版广电总局统计，2019年中国动画电影票房中

80%~90%的国产动画电影票房都低于1亿元，市场完全被少数头部爆款支撑着。归根结底，国产动漫产业的崛起需要持续、大量的优质作品产出，万里长征我们只走出了第一步。下一个《哪吒之魔童降世》到底在哪里？我们无法给出明确的回答，但可以肯定的是，如果单纯依靠少数爆款，中国动漫产业是无法崛起的。

《哪吒之魔童降世》的爆红只是一个引子，让我们开始思考：如何实现国产动漫产业的可持续发展？

动漫内容与消费融合的趋势思考

在动漫产业发展势头仍旧强劲的同时，互联网人口红利正在逐步消退，动漫产业消费者规模的增长态势已经开始放缓。泛二次元用户规模和在线动漫用户规模的增长率预计将继续下降。如今，以“95后”为代表的二次元文化用户已经成为动漫产业消费的主力军，在动漫产业用户规模逐步逼近天花板的过程中，如何将优质的动漫内容与消费群体相融合，将成为动漫作品能否成功赢利的关键所在。

1. 穿越IP的生命周期

2019年12月27日，第一财经商业数据中心（CBNData）与阿里妈妈联合发布了“IP消费影响力榜”，榜单基于阿里数据，以2018年12月至2019年11月为测算周期。在“IP消费影响力榜”

（总榜）的TOP50中，动漫类占了33席。

那么，热门IP能带来多大的收益呢？“全球畅销IP前50名”的数据榜单显示，诞生于1996年的“精灵宝可梦”总收入约950亿美元，而排在第50位的“火影忍者”的收入也达到了101亿美元。总收入排名前10的IP，其收入均超过了300亿美元。

动漫行业在本质上也是注意力和流量变现的内容生意。此刻的热门内容，很容易被新的热门内容覆盖。即使是经典不衰的内容，也不可能永远在热度的顶层。反观全球畅销的50大IP，绝大多数都诞生于2000年之前。它们有什么过人之处？获得高收入的原因是什么？

从IP的生命周期上来看，流行一时的热门文化产品需要经历一段时间的社会考验，方能成为人们反复追忆和致敬的内容。如果IP本身没有可供成长的空间或拓展性较差，其必然只能昙花一现。一个经典IP的魅力，就在于常看常新。比较起来，“玩具总动员”系列虽然同样优秀，但从内涵和深度来说，终究无法和“千与千寻”相提并论。美国好莱坞爆米花式的花哨和套路可以在一时之间让观众得到愉悦，但思想性上还是弱了一些。

优质的文化内容只是IP价值的起点，它需要经历多领域的共享与涵养才能最终形成超越具体平台和单一形式的IP价值，拥有无限延展的生命力。而历久弥新的经典IP则可以精准满足核心消费人群的需求，同时可以伴随用户的成长、社会的变化，并给予用户多种选择。经典IP通过不断推陈出新来唤醒人们心中的记忆，引发人们的情感共鸣，收获新一轮的经济效益与品牌价值，从而延长其生命周期，增强其文化活力，产生巨大的商业价值。

2. 产业思维驱动IP价值成长

动漫产业的产业链主要分为三个环节。产业链的上游是内容方，主要包括原创动画公司和漫画公司等IP内容的提供方。产业链的中游是渠道发行方，其中，动画的主要发行方包括网络视频播放平台、电视台及电影院线等；漫画的主要发行方则主要是各类漫画杂志和网络漫画平台。产业链的下游则是基于IP的衍生品开发公司，包括IP授权代理公司和衍生品开发公司，而衍生品则包括游戏、玩具、服装、主题公园等。

近些年，庞大的用户需求为动漫行业发展提供了广阔的市场空间，互联网巨头纷纷开始布局动漫产业。互联网公司布局动漫产业的思维是将资源整合到自己的平台下（包括产业链上下游的整合，以及为行业提供产能支持的创作力量的整合），拉动平台流量，培养受众习惯，增强用户黏性，深耕内容，建立商业模式，实现精品IP的转化和衍生开发，使IP商业价值最大化。

经过多年激烈的竞争，各个细分赛道都已经产生了自己的头部企业，但不同平台之间的用户重合度较高，尚没有一家企业能够占据不可动摇的垄断地位。因此，是选择构建完整的全产业链运营，还是利用各自优势联合发展，取决于动漫企业在产业链中所处的位置以及自身的规模体量。

综合来讲，动漫产业链上游的内容方仍存在着巨大的机会窗口。目前动漫内容的产能、质量依然无法满足市场需求，这和专业化的人才储备、动漫工业标准体系，以及娱乐消费生态的健全与否息息相关。“爆款”难以推动行业崛起，但终究会推动动漫生产方式、内容质量、用户规模、发行模式向更加成熟的方向发展，吸引更多资本入局，助力动漫产业做大、做强，从而形成有利于产业发展的良性循环。

而在动漫产业链的下游，动漫IP衍生业务开发形式不再停留于传统玩具行业，泛娱乐、“漫影游”联动现象普遍，甚至向着新领域积极进发。同时，IP与商业地产在多种业态下结合，催生出主题临展、主题咖啡厅等多种商业模式。以游戏、玩具、主题空间（含乐园）、教育服务、日用品（含服饰）、快消品（含餐饮）等为代表的高体验感、高频次和高心理附加值的产业形态，是最有可能帮助IP实现产业化输出的六大核心路径。

目前世界上的畅销IP都形成了非常完整的产业链，无论它们的原始媒体是什么，它们都在推出后的一两年里将IP扩散到了其他媒体。而它们最主流的挣钱方式是衍生品和零售，其次是电子游戏、票房收入和漫画。反观中国的动漫IP，大多数依然停留在内容层面，其衍生品和零售的商业模式距离成熟还有很远的距离。

3. 捕捉新技术、新渠道的变量

动漫是个具有高技术门槛的“烧钱”生意。就当下而言，美国依然是全球技术创新的核心，各种先进技术在动漫行业有着非常广泛的应用。皮克斯（“玩具总动员”系列）、梦工厂（“怪物史莱克”系列）、蓝天工作室（“冰河世纪”系列）等代表了全球CG和3D动画的最高水准。漫威、DC的漫画改编电影，如“变形金刚”系列等，也通过大量的电脑合成技术为观众带来了前所未有的视觉盛宴。多年深厚的积累加上领先的技术实力造就了美式动漫在全球巨大的影响力和难以撼动的地位。

大量先进技术的应用，伴随着的是巨额的投资、漫长的制作周期和巨大的不确定性风险。迪士尼的《疯狂动物城》制作成本高达2亿美元，制作耗时5年。而梦工厂近十年的动画电影制作成本约为1.3~1.75亿美元/部。近年来动漫内容生产公司纷纷加入大型娱乐集团的麾下，以期降低单项目亏损的风险。

动漫制作成本高的主要原因是绘画部分的人工成本和时间成本高。动漫制作经费的预算主要由“人”和“时间”决定。绘画部分又由动漫作家的创造力和技能决定，而拥有较高水平的动漫作家需要经过长年累月的培养和锻炼。目前全球动漫行业都面临着人才短缺的难题。

从手绘漫画到CG和3D电脑动画，再到计算机实时渲染技术，从虚拟现实（VR）和增强现实（AR）到引入AI（人工智能）制作动画，动漫领域的新技术随着时代的变迁在不断涌现。技术进步带来动漫制作效率的提升和内容传播成本的下降。而伴随新技术而来的挑战是，能否运用新技术改变传统动漫的思维模式和制作方式，进而持续推动互动创新以及内容多样化升级。长远来看，基于新技术的创新将成为左右未来动漫行业格局的重要变量，真正抓住动漫新技术红利的玩家，弯道超车的概率将大增。

今天的动漫已逐渐成为一个泛大众市场，有着无法估量的前景。而这项产业的诞生，得益于无法把美好的动漫二次元和严肃的现实社会三次元分开并承担其间落差的"造梦者"。他们把两个泾渭分明的世界混成二点五次元世界，用Cosplay、手游、原创漫画、电子竞技、动漫周边等方式将他们的信仰和情感带入生活之中，并与三次元互补互助。

未来动漫产业内容变现的下半场争锋，终究将取决于二点五次元市场。谁可以将手中的IP进化为年轻人特有的话语符号和生活方式，谁就可以赢得那些"为热爱充值"的硬核群体的欢心。

第二十二章

后疫情时代的数字阅读

新冠肺炎疫情之下，许多行业受到了极大冲击。疫情的短期影响仍在持续，长期影响尚不明朗。危机之中，面临生死劫的文旅企业通过各种方式展开自救：云看展、云春游、云音乐节……这个春天里，花样迭出的“云自救”成为黑暗之中的曙光。客观地讲，疫情后大概率不会有汹涌的报复性消费袭来，我们即将面对的只能是“刚性消费的延期”，原地坐等的企业在较长时间内仍将面临收入缩水的可能。

与此同时，疫情重塑了用户的智能手机使用习惯、消费习惯，而这些习惯将在疫情后延续。用户行为习惯的改变，也会影响许多产品的增长方式、增长速度。这样的改变对于数字阅读服务提供商来说，是难得的获客和拓展业务边界的机会。

艾瑞咨询发布的《后疫情时代中国线上泛娱乐市场展望》研究报告对在线阅读研究的数据显示，2020年春节假期期间，数字阅读App日均独立设备数达1.3亿台，较2019年春节假期期间增幅明显，平均增长800多万台。

艾瑞用户调研数据也显示，这期间超七成用户表示在阅读上花费的时间比平时多。数字阅读用户规模稳步扩大，即便“被动”在家，用户也可以静心阅读，这也成为数字阅读用户增长的原因之一。

春节期间，仅阅文集团旗下QQ阅读平台的用户就剧增40%。除了付费阅读平台，百度指数显示，七猫小说、番茄小说、疯读小说等免费阅读平台也在春节期间迎来了用户指数峰值，并冲上了APP Store免费榜前列。2020年2月，中信书店、钟书阁等200家书店变身淘宝直播间，数字阅读类直播引导成交量上涨938%。

2020年1月30日，中国音像与数字出版协会联合阅读行业头部企业发起《数字阅读行业战“疫”倡议书》，通过对大众免费开放旗下优质资源，吸引更多新用户的同时，将更多优质内容传递给大众，而15~30天的周期，足以帮助新用户认识到阅读的重要性，并形成阅读习惯。倡议书发布后，自2020年2月1日至29日，参与企业共设置80余个免费阅读专区，用户总浏览量超过52.8亿人次，总阅读量超过72.2亿人次，总阅读时长超过3.3亿小时，总下载量超过

2.4亿次，新增注册用户数突破1亿人。

有人怀疑，这种市场教育不一定有效，其影响会随着疫情结束而逐渐散去。但DT财经的数据显示，3月后，用户App平均使用时长与高峰时段相比只下滑了2.5%，与春节相比高出9%。也就是说，即使上班族已经复工，云端生活也还是比疫情前要活跃许多，一些尝鲜行为变成习惯被保留下来，疫情实实在在地改变了消费者的消费品类和行为习惯。虽然报复性消费不会来，但是疫情为某些领域带来了新的红利窗口。而这些被打开的窗口背后，就是我们可以关注的机会和发展空间。

在中国，数字阅读仍然是一个正在上升的市场。2020年1月，国内第三方数据研究机构比达咨询发布《2019年中国数字阅读市场研究报告》。报告显示，去年我国人均阅读量达到7.99本，其中纸质书4.67本、电子书3.32本，数字阅读增长趋势显著高于纸书阅读。报告还指出，2019年我国数字阅读用户规模达到7.4亿人，其中网络文学用户规模达到4.6亿人，同比增长8.3%，市场规模达到204.8亿元，同比增长21.0%。

数字阅读的高速发展离不开网络文学的推动。20世纪90年代，互联网日益普及，带动网络文学兴起。1997年，罗森开始连载《风姿物语》，它被公认为第一本真正意义上的网络小说。1998年，蔡智恒开始在台湾成功大学BBS上连载《第一次的亲密接触》，随后被转载到中国大陆各大BBS上，这也是广为流传的最有影响力的网络小说。小说在中国大陆出版后热销，拉开了网络文学走向时代主流的大幕。

21世纪以来，网络文学日渐盛行，展现出蓬勃的生命力。比起传统小说的精英化书写，网络文学所具有的草根特质、多元化价值以及无门槛阅读条件，显然更易于俘获读者。人人皆可表达、皆可创作，推动着这一新的“文学样式”日益壮大。据不完全统计，主要文学网站驻站作者多达百万人以上，且逐年增长；作品总数已超过2000万部。

早期的网络文学大多数免费发表于网络上，再通过出版获利。2001年，中文在线上市，成为数字出版第一股，为以数字阅读带动网络文学发展做出可贵的探索。2003年，起点中文网开创网文付费先河，以“订阅、月票、打赏”等为核心的有偿阅读制度革新了网络文学的盈利模式，使其商业逻辑得以确立。付费读者的增加进一步吸引了优质作者的加入，形成良性循环。线上收费和线下出版双线并行，大大增加了网络作家的收入，网络文学平台迎来快速发展期。

2009年之后，数字阅读战场转到移动阅读端。互联网巨头纷纷布局数字阅读行业，竞争格局呈现头部企业集聚趋势，马太效应加剧。中小型阅读平台逐渐被各种流量集团收编，融入战略流量生态。

2019年，中国数字阅读生态流量市场份额分布中，阅文集团、掌阅文学、书旗位列前三，共占据数字阅读近7成的市场份额。阅文集团背靠腾讯，拥有广泛的渠道资源和内容资源，依靠强大的版权内容资源以及QQ阅读、起点中文网和微信等流量入口，优势明显；书旗依托阿里旗下入口及资源，联合UC、支付宝、优酷等超级App，并通过细分内容分发拉动数字阅读用户在不同场景中的全新增长；掌阅科技拥有掌阅App、手机厂商、电子书阅读器的多元流量支持，构建了丰富的数字阅读矩阵。

2020年初，随着百度战略入股掌阅，中国数字阅读领域排名前三的平台也聚齐了BAT的身影。经过20多年的发展，数字阅读用户规模占互联网用户半数以上。随着互联网用户红利消失，在线阅读用户增长几乎见顶。今日头条、趣头条等“搅局者”的出现，打破了网络文学平台培养起来的付费阅读习惯，让阅文、掌阅等付费阅读平台的盈利模式面临新的挑战。

2017年之后，以米读小说、连尚读书、七猫小说等为代表的免费阅读平台如雨后春笋般崛起。这些免费阅读平台在短时间内“攻城掠地”，并吸引了众多新老互联网势力投资入局。资本加持下的免费阅读持续进击，改变了数字阅读市场的旧有格局，对老牌阅读平台带来了冲击。免费阅读，为尚未习惯或接受付费阅读的人群带来了新的选择。免费，就是这些平台打开下沉市场的杀手锏。免费阅读模式打破了数字阅读市场已经面临的发展瓶颈，让数字阅读市场重新开启用户规模、产业规模拓展的节奏。

和拼多多5年内快速崛起的案例相似，免费阅读抓住了人口红利尚未消失的下沉市场。QuestMobile数据显示，当下付费阅读用户近70%集中在一二线城市。而免费阅读人群中，三四线及五线以下城市用户占据了67.6%的比例。

未来，免费阅读模式和付费阅读模式或将长期共存：二者之间的界限也会逐渐变得模糊。免费阅读需要用更高的广告收入回报来赢取更优质的内容，付费阅读则需要稳住精品内容的优势来赢取更多的用户。免费与付费两种模式共存下的多元化，也将为数字阅读产业带来更多的可能性。

流量思维与内容思维的殊途同归

免费阅读平台的核心商业模式是“流量+广告”。获客能力决定了变现能力，这也是有互联网公司流量入口支持的免费阅读平台迅速崛起的关键。数据显示，免费阅读App的月人均使用天数要高于付费App。米读小说的调研也显示，用户在免费小说中人均停留时间长达150分钟，超过了付费阅读的用户停留时间。这为免费阅读平台带来了巨大的变现空间：米读上线2个月后，广告收入就完全覆盖了平台运营成本。

付费阅读平台的核心商业模式是“订阅付费+增值服务+版权

运营”。订阅付费和增值服务依然是当下付费阅读平台最主要的盈利模式。读者采用内容付费或时间付费的方式来进行订阅，同时还可通过“打赏、月票”等增值服务进一步互动。版权运营板块，主要通过将文学作品的版权授权给网络游戏公司、影视剧制作公司及图书出版商等合作方获得版权收入，还可通过参投、主投影视剧项目获得收入。

以2019年阅文集团的财报为例。2019年阅文集团收入同比增长65.7%，达到83.5亿元，利润同比增长32.7%，达到11.9亿元。阅文财报显示，全年在线阅读收入下滑3%，这与一二线城市红利消失、用户付费意愿提升缓慢且付费率始终未突破10%、免费阅读平台的冲击等诸多因素有关。虽然阅文集团在线阅读收入在下滑，但其版权运营及其他收入达到46.4亿元，同比增长283%，首次超过在线阅读收入的37.1亿元。

归根到底，免费和付费市场的核心竞争力都在于内容。2019年底，阅文平台上有810万名作家、1220万部小说。2020年2月的百度小说风云榜上，Top30里有25部出自阅文平台。为了进一步在数字阅读市场站稳脚跟，目前免费阅读平台也在内容储备方面加速发力。

免费阅读最终的商业模式和付费阅读是殊途同归的，那就是以IP为核心打造多元变现战略，向IP的全产业链拓展，让内容IP的价值最大化。

运营效率与付费转化的较量

数字阅读行业因为免费模式的冲击而变得更加积极、活跃。不论新加入的免费阅读平台，还是原有的付费阅读平台，都在更加积极地从内容建设、用户体验和营销推广等方面提升运营效率。而免费模式与付费模式又给我们呈现了完全不同的两种运营打法。

免费阅读平台里的头部玩家大多有资本助力，比如增速放缓的趣头条开发米读小说向多副线产品开发转型；字节跳动投资番茄小说推进泛娱乐布局；百度投资七猫小说的用意是用免费阅读来补充其内容生态；Wi-Fi万能钥匙也推出了连尚文学。这些平台在短时间里挤入原本完全空白的免费阅读市场，开始群雄鏖战。而更多中尾部阅读平台则通过社交媒体海量投放广告来引流，用各种手段抢夺下沉市场用户群体。一时间，各种槽点满满、毫无逻辑的广告，越来越频繁地出没在微博、朋友圈甚至是各种流量App的评论区里。而当点进去的时候，你会发现正文内容是与广告毫不相关的小说。如果想追完小说，就要按照广告上的提示关注相应公众号，通过菜单进入对应书城付费阅读。而书城里的小说质量参差不齐，甚至存在着为数众多的触碰法律红线的“擦边球”产品。

面对来势汹汹的免费小说，老牌平台们也开始了防守。2019年，QQ阅读、微信读书开启新用户免费阅读功能；阅文上线飞读小说来进军免费阅读市场，试图拉拢对价格敏感的用户，与付费App形成互补；掌阅随即也推出免费阅读业务。免费阅读带动了用户数量的增长，却对原有的付费业务造成影响，掌阅甚至在2019年出现了营收和利润负增长。

作为付费市场的最大得利者，阅文对于免费模式保持谨慎态度，因而不会轻易将优质内容的版权释放给免费市场。阅文必须确保白金作者的绝对利益才能够稳住付费阅读市场的内容优势。在总体用户规模增速不乐观、流量用户见顶的情况下，进一步提升付费用户的付费意愿成为必然选择。

在提升付费转化率方面，阅文的方法是让产品有更多互动性。“段评/章评”的弹幕功能、书友圈的浓郁社交氛围，让正版粉丝用户享受到不一样的精彩。甚至有读者感叹，读书评比读原文还精彩！因为书评清奇，能让人看见万千书友们有趣的“灵魂”。当用户互动和黏性持续增强时，付费转化率自然就会提高。除了在内容社区里搭建社交功能，阅文还通过深度学习、自然语言处理等技术，绘制用户的兴趣图谱和文学内容图谱，向用户推荐有针对性的内容，从而提升用户的满意度和内容的分发效率。

免费阅读，这看起来是与付费阅读市场互补的新增市场，却也是另一个交叉抢食的市场，会让付费市场日渐萎缩。但用户的使用习惯在免费阅读与付费阅读之间也是可以转化的，当一个新用户养成了数字阅读习惯之后，他可能更愿意通过付费的方式获取不受广告打扰的阅读体验。市场最终较量的是盈利能力，谁占据食物链的上游，谁才是真正的王者。

跨场景的IP价值流动和转化

数字阅读的产能不断提升，但人的时间有限。从某种程度上讲，数字阅读货架的空间可以是“无限”的。每天海量的内容让读者的注意力越来越分散，内容过剩的问题也已经显现。

数字化浪潮对人的冲击是全方位的，现代人的阅读时间本质上是在和众多社交媒体及多样化的娱乐形式竞争。面对无穷无尽的信息流，有部分读者开始经历数字阅读的疲劳期。随着人们在屏幕前花费的时间越来越多，许多读者开始转向阅读传统、轻便和耐用的实体书。毕竟人们总是“喜新厌旧”的，阅读本身带来的价值才是人们的刚需。

下沉人群的争夺、线下场景的渗透、阅读硬件的迭代、网络文学的出海……阅读平台之间的厮杀在资金、资源及品牌势能等方面展开，反过来对于平台的产品运营力、可持续性提出了更高的要求。长久看来，或将最终导致三级分化：头部品牌聚合，尾部品牌下沉，中间品牌萎缩落幕。

在当下的行业竞争中，头部作家的培养和内容孵化需要时间且竞争激烈，推广费用等成本也在不断增加。至于版权开发运营，更需要大量投入和长线布局。虽然如今阅读平台的创作者数量显著增长，且增量内容的题材更加多元化，但最终能够成为知名IP的作品少之又少。现阶段阅读平台直接比拼的依然是头部内容版权，哪家平台拥有更丰富、更优质的头部IP，哪家平台对全版权运营策略的理解更透彻，哪家平台就能享受到流量的红利。

优质的内容IP中蕴含的多元化审美和主题价值，为全版权运营预留了空间和商机。在故事价值到IP价值的转化过程中，内容IP既是现象级影视剧的主要来源，同时也通过和长短视频、音频的合作，实现跨场景的IP价值流动和转化，帮助阅读平台在整个IP产业链上触达更广阔的边界，充分释放IP价值，并最终实现更加健康的多元化营收结构。

经过新冠肺炎疫情洗礼后，数字阅读迎来“被动增长”。5G时代的到来、技术的升级必然对数字阅读的用户体验产生积极影响，数字阅读的应用场景也将更为丰富。未来数字阅读行业必将有全新的想象空间和增长景象。

历史结束了，新的传说刚刚开始。

第二十三章

进击的数字音娱全声态

数字音乐20年：从免费下载到付费流媒体

音乐的商业历史发展至今不足百年，但每一次都伴随着科技的进步而急速变迁。

黑胶唱片作为最早出现的音乐载体，尽管具有保真度高、临场氛围好等诸多优点，但受限于播放设备笨重、单碟容量低等缺点，并未成为主流的音乐播放载体。1963年，盒式磁带的诞生，为全球音乐播放设备大规模流行带来了真正的转机。从20世纪80年代开始，索尼推出Walkman系列便携式随身听，短时间内便风靡全球，一度成为音乐播放设备的代名词。在Walkman的推动下，音乐磁带开始取代密纹唱片，带动相关市场迅猛发展。

CD的出现将音乐工业的发展推到新的阶段。和磁带不同，CD在本质上来说是将音乐转化成“0”和“1”的数字格式进行存储。因为更高的存储密度、更优质稳定的音质，CD迅速取代磁带成为追求品质人群的首选。越来越多的唱片公司选择将CD作为音乐的载体，各种大大小小的唱片音像店、打口碟摊档遍布城市的大街小巷。可以说，CD的出现为迄今为止最新一次的音乐载体变革埋下了伏笔。当更多数字音频压缩格式以及数据存储、传输技术出现的时候，人类迎来了一场延续至今的数字音乐革命。

20世纪90年代，由德国人Karlheinz Brandenburg领导的研究小组成功制定出MP3标准。MP3的出现正式拉开了数字音乐革命的帷幕。在MP3的促进下，更多形式的数字音频存储格式被开发出来，也衍生了众多体积更小、功能更加强大的便携式随身听设备。但它所带来的变革还不局限于此。随着互联网的发展，因为数字音乐的“非物质”特性，音乐的传播、销售方式正在从根本上发生改变。

2003年，苹果公司推出了数字音乐商店iTunes Store，为用户提供在线试听和音乐购买服务。这个产品的推出，代表着音乐产业正式向数字化时代迈进。音乐的销售和传递打破了地域和时间的限制。通过互联网，人们足不出户就可以购买自己心仪的音乐，并将其传输到各种播放设备上。数字音乐便捷、人性化的销售方式让无数人开始放弃CD和磁带，苹果公司以“颠覆者”的形象成为全球数字音乐的领导者，而iPod和iPod Shuffle的销量更是节节攀升，取代索尼的Walkman成为新一代随身听的代名词。

当时中国的在线音乐还处于“蛮荒期”。大多数平台的音乐都是盗版的，流量决定着体量。于是百度作为几亿人的搜索入口，自然而然也占据了这一高地。百度MP3收购千千静听，为用户提供免费听歌、免费下载，市场占有率一度高达80%。

数字音乐一经出现便走上了发展的快车道，改变着整个音乐产业上下游的所有企业。传统唱片行业遭遇到猛烈的冲击，早期的数字音乐以盗版横飞的免费下载、运营商主导的手机彩铃等形式走入人们的生活，虽然使音乐得到前所未有的广泛传播，但同时也为行业遗留了诸多问题。国内用户为音乐付费的习惯并没有完全培养起来。

艾瑞咨询《2019年中国数字音乐内容付费发展研究报告》指出，目前我国数字音乐平均付费率仅为5.3%。另据腾讯音乐2020年第一季度的财报数据，在线音乐移动月活用户为6.57亿人，在线音乐付费用户为4270万人，付费率也只有6.5%，相比Spotify付费用户达到1.3亿人，付费率达到46.4%，差距甚大。后者被认为是当下全球最大的流媒体音乐服务平台。

虽然中国数字音乐内容付费的发展仍处在起步阶段，但付费流媒体收入的增长仍是全球趋势。根据国际唱片业协会IFPI发布的

《2016全球音乐市场报告》，2015年全球音乐产业收入呈现3.2%的增长率，数字音乐收入首次超越实体音乐。数字音乐收入增长抵消了实体音乐收入下滑和下载收入下滑的影响。

数字音乐的核心竞争内容就是版权。当竞争者越来越多，版权费用自然水涨船高。行业统计数据显示，国内主流音乐平台的版权成本，自2013年以来，已经飙升了50多倍。从2015年开始，国家版权局下发相关政策，推动版权规范以及版权互授。在国家版权局的调和下，中国头部在线音乐平台之间达成转授权协议，版权开放程度达到99%，而剩下的1%独有资源，是平台差异化竞争的关键。独有资源的存在，也使得用户很多时候依然需要同时安装多个在线音乐App。

挑战从来不会停止。国内音乐版权市场的战火伴随着授权的到期，时刻都有可能再度陷入疯狂烧钱的困局中。中国数字音乐市场的竞争已经从过去的版权战转变为更加全面且残酷的生态战。在重塑音乐行业生态的过程中，“不赚钱”已经成为行业无可奈何的常态。并购、投资、战略合作，行业巨头不得不一边拼命死磕，一边寻找新的生路。

音乐产业链之变：从版权竞争到IP开发

智研咨询发布的报告数据显示，音乐在人们生活中的应用涉及多个场景，人们对于音乐的需求十分多元。整体来看，67.2%的用户最常使用的音乐场景是在家休息时；其次是在乘坐交通工具时或在旅行途中，占比分别为55.9%和54.7%；睡觉前、锻炼健身时、排队或等人时，用户对于音乐的需求度也较高。可以说，音乐已然成为当今大多数人的娱乐刚需，全方位地渗透到人们生活场景里的每时每刻。

相比传统的音乐播放形式，在线数字音乐尤其是移动音乐可以充分满足用户随时享受音乐的需求。伴随用户消费习惯的养成，数字音乐付费收入的增长是全球趋势。中国传媒大学赵志安教授领衔音乐产业项目组撰写的《2019中国音乐产业发展报告》显示，2018年中国数字音乐产业规模达到612.42亿元，同比增长5.5%；数字音乐用户规模超过5.5亿人，同比增长5.1%。伴随着数字化、移动化的文化消费模式的深入渗透，消费者越来越依赖通过数字网络享受音乐内容服务。在这个音乐产业商业价值开发更加多元的过程中，音乐产业链本身也发生了巨大的变迁。

简单来讲，音乐产业链可以分为创作、生产、发行、消费四个环节。在传统音乐产业链的构成中，创作端是以音乐人、词曲作者等创作群体为核心的内容提供方，这也是音乐产业链上最关键的节点。作为文化产品，内容能否传播给更多的消费者，几乎完全取决于内容质量高低或者内容与消费者心理需求的切合程度。生产端是以唱片公司为代表的内容制作商，他们向创作者提供完整的音乐录制服务，将原生态的Demo小样制作成符合市场需求的音乐商品。发行端是以版权渠道、经纪业务、音乐演出为主的服务提供商，他们向内容生产者提供包括市场调研、包装、发行、营销推广等多个环节的专业服务。消费者则是产业的终端。

在数字音乐产业链中，创作端与生产端之间的距离无限接近，音乐人依靠互联网软硬件的支持，甚至可以独立完成从创作到制作，甚至到发行的全过程。数字音乐平台作为重要的内容分发渠道，逐渐取代了传统音乐产业的消费路径。数字音乐平台、移动K歌、短视频、泛娱乐直播成为数字音乐体验的主战场，版权运营、音乐社交、广告定制、UGC、直播、音乐周边产品销售等多渠道营利模式各放异彩。这些新渠道的出现，无疑让音乐人有了更多展示和变现的机会。

音乐产业本身就是一个完整的生态链，在这个生态链上，数字音乐平台掌握版权资源的多寡，决定了在市场的角逐中，自身能否占据“天时、地利、人和”。而如今音乐版权成本日益高昂，已经给拥有版权优势的平台带来巨大的负累。随着音乐版权分布的逐渐稳固，相比靠版权内容争夺用户，数字音乐平台更应该思考如何高效地利用版权资源。充分利用现有优势将内容版权升级为内容IP，不断拓展基于内容IP开发的商业模式，才是最重要的事。

对于音乐产业而言，音乐人、音乐作品、音乐节目、音乐场馆等都可以成为极佳的内容IP载体。比如头戴标志性红星鸭舌帽的

“摇滚教父”崔健，比如改编为青春爱情影片的校园民谣《同桌的你》，比如登顶2019百度沸点年度综艺节目《乐队的夏天》，比如在赵雷的歌曲里再度爆火的“成都小酒馆”……音乐IP的边界异常广阔，以音乐为起点，围绕着版权资源，可以构建起多领域融合的音乐IP产业规划，打造出极具深度的音乐IP运营产品。

数字音娱全声态：激活音乐商业的无限可能

2019年，中国移动互联网流量池已经基本饱和，所有具有娱乐性质的产品都要面对争夺用户时间的挑战。人口红利已经见顶，行业的高速发展不再，行业亟须向高效发展转变。在用户休闲时间有限的情况下，数字音乐产业正向数字音娱全声态迈进。

从版权源头来看，除了重金收购，各大数字音乐平台也不约而同地启动了平台“独占”版权的原创音乐开发计划。2014年虾米推出寻光计划；2015年，QQ音乐推出平台开放策略，酷狗音乐推出1亿元扶持音乐人计划；2016年，网易云音乐公布石头计划，投资2亿元扶持独立音乐人；2017年，合并后的腾讯音乐倾集团之力，推出“腾讯音乐人计划”……近年来短视频平台和长视频平台也加入战局，发力原创，如抖音的“看见音乐计划”、快手的“快手音乐人计划”，以及爱奇艺的《我是唱作人》等。在线音乐自主传播产生歌手逐渐取代了传统星探模式和选秀模式下的艺人选拔，用户本身也可通过参与平台发起的“音乐人计划”等活动完成创作和作品发布。

伴随着流媒体技术的日益成熟，数字音乐已经从被动、单向聆听进入到主动参与表演、表达的时代。打榜、巡演、签售等音乐产业的传统宣发方式也正在被改写。

2019年，20岁的Rapper Lil Nas X将自己创作的《Old Town Road》免费授权给抖音海外版TikTok曲库，被选为TikTok官方主题挑战“#yeehaw”的背景音乐后，“#yeehaw”标签的短视频播放量超过了6700万次，这位创作者的命运也因此被改写：与哥伦比亚唱片公司签约。连霸Billboard 19周榜首的《Old Town Road》，改写了Billboard 60年的历史，打破玛莉亚·凯莉保持23年的蝉联周榜冠军16周的最高纪录，获得MTV音乐录影带7项大奖，及2019年全球十大最畅销单曲第二名。

话说回来，原创音乐人的作品虽然不乏一夜爆红之作，但更多的小微音乐人的作品出圈之路依旧漫长。粉圈逻辑和资本共谋霸占了数字音乐平台排行榜顶端的流量机会，不同音乐圈层在审美上的差异和相互之间的不理解也日益扩大。流量明星们在工业流水线上生产出来的音乐内容，如今已成为眼球经济、粉丝经济、社群经济的入口，不断地“收割”着粉丝的钱包。

音乐版权的内容重构日益成为音乐内容变现的重要组成部分。以2019年走红的宝石Gem《野狼Disco》为例。该歌曲在《中国新说唱》中爆红后，艺人陈伟霆的feat版本也被立刻推出，随后该曲便成为QQ音乐热门搜索第一、微博热搜第四的大热门，同时短视频平台素人厨房版《野狼Disco》也获得了超400万次的播放量。在短视频平台的助推下，该曲立刻大范围“出圈”。相比较而言，同样从综艺节目中走红的歌曲《星球坠落》，由于缺乏持续的推广，最终只停留在小范围“出圈”的状态。

数字音乐内容在辐射产业链上下游的同时，也越来越重视与周边产业的联动。体育文化社区虎扑催生出的《大碗宽面》，在音乐性和话题性上都得到了充分的延展，通过音乐和体育的产业联动实现了“出圈”。

陪伴影视剧而来的原生音乐，往往能够带给听众短暂的画面感与对应的情绪，通过剧集播放进一步带动听众的参与感与收获感。对比影视剧原声音乐，综艺节目对于歌曲传唱度和传播力的效果要更直接和更广泛。尤其在最近的网络自制音乐类综艺节目中，参演音乐人往往要和节目赞助商进行多种多样的音乐元素联动，获取跨界营销方面的商业收益。

为了进一步防范未来面对天价版权的被动局面，同时也为了满足用户的多种需求，头部的数字音乐平台开始尝试将更多用户转化为音频内容消费者。腾讯音乐从2019年12月开始布局长音频。当时腾讯音乐旗下的酷我音乐率先发布“百亿声机”全领域长音频募集计划，以“资源+资金”的形式扶持长音频内容创作。通过与阅文集团以及中国其他领先的在线文学平台的战略合作，腾讯音乐新增了数千本有声读物内容，并拥有阅文集团最受欢迎作品Top100榜单中大部分作品的音频作品改编权。

除了在线文学作品，腾讯音乐还开始与热门电视剧以及国内漫画IP合作进行音频改编。腾讯音乐试图通过在线音乐和社交娱乐服务的协同，助力其长音频业务发展，并加速推动音乐与音频的融合发展。如果长音频内容可以进一步挖掘、调动存量市场的活跃度，那么腾讯音乐对音乐版权的依赖就会减弱，这将让它在与唱片公司的谈判中取得更多优势和掌控权，使相关成本下降，盈利能力有所增强。

不可否认的是，目前国内在线音乐消费潜力拓展较难。于是以音乐IP连接线下场景成为另外一种“二次变现”的思路。腾讯音乐旗下的全民K歌Live House自助店正在全国一二线商业空间密集铺开，打造次世代音乐社交空间，通过歌声吸引流量、制造停留，进而创造社群，最终将社群关系链沉淀于店面，并从线下延展到线上。全景音乐现场娱乐品牌“TME live”借助音乐类型、艺人阵容、推广资源、场次规模、票务模式等技术能力升级，实现音乐娱乐消费的“整合”与“升维”。

网易云音乐则联手亚朵酒店，打造民谣、爵士、电子音乐和古典四种风格的主题房间，制造城市网红打卡点。网易的目的是，让消费者通过场景式体验，更直观地体验和了解自家的音乐平台。而酒店就像一个中介，让网易云音乐可以接触到更多消费者，达成宣传和推广的作用。网易云音乐还与瑞幸咖啡合作主题店，通过音乐IP授权合作，实现对线下场景的赋能，让音乐渗透到更多场景，在商业化创新中拓展能够自然融合的新空间。

音乐总能在不断的进化中，激发听众精神与肉体的全部激情，重燃人们内心的兴奋。喜新不厌旧，对于流行音乐来说早已约定俗成。每个时代都有属于自己的音乐，评判标准往往掌握在青年手中。资本和媒体的介入，为音乐的发展嵌入了纵横交错的时代背景。

随着中国音乐从价值回归到价值升级的“赛道”切换，用户参与度和对优质内容价值的认可度逐渐提高，原创音乐市场蓬勃发展，中国音乐市场的良性秩序已建立。面对多变的行业发展态势和蕴含的新机遇，行业头部平台纷纷开启多元发展之路，调整增长结构，探索更优的发展路线。音乐与商业的融合必将让城市变得更有趣，跨界融合、制造潮流、面向未来。将音乐、科技、公益、环保、商业相结合，对青年文化和潮流文化发起新思考，打造更多维的产品形式，迎接新挑战，未来将展示出更多的可能性。

NEW
CULTURAL
CREATION

后 记

新文创的变与不变

“未来，是由人创造的，离开人之本质的未来是不存在的。”

——茑屋书店创始人　增田宗昭

当21世纪第2个十年的新年钟声敲响之际，无人知晓这个新的十年会发生什么。伴随着新冠肺炎疫情，2020年一开局便令人措手不及。肆虐的疫情将持续到何时，目前仍是个未知数。在本书写作的时候，疫情仍然持续影响着整个社会经济的局势，各行各业不得不面对长达数月的“寒冬”。陆续有人开始思考疫情之后，我们的路到底该怎么走?

新冠肺炎疫情的暴发无疑加速了文化产业的洗牌。思考疫情对文化产业的影响，主要看两件事：一是疫情改变了哪些行为，二是疫情改变了哪些心理。文化产业由于具有项目周期长、投资大、无形资产占比大、人力成本较高等特性，无疑面临着更大的价值变现和现金回收的压力。覆巢之下，焉有完卵。危机对每一个企业都是严苛的考验，相当一部分企业会因为“流血不止”而无力越冬，但总有顽强的企业可以通过更好的创新穿越“寒冬”。我们相信，和以往历次危机一样，“寒冬”之下孕育着全新的机会和更多的商业可能性。

短期性：穿越短期的困境与影响

当疫情为我们按下“暂停键”时，所有的人主动或被动地“宅”在家里，共同完成一次人类历史上前所未有、规模巨大的“在线社会实践”。

于是，王者峡谷出现了1.5亿的日活跃用户数量峰值，线上麻将棋牌也迎来意料之外的繁荣，抖音上50万人围观直播睡觉的小哥，“NASA立扫把挑战”上了热搜，2亿人在家办公迫使企业微信、钉钉连续多天扩容服务器。员工们感慨“再不开工，公司就要发现，没有我们，公司也能正常运转了”；领导们则呼吁大家线上办公时“保持胸部以上的端庄”；家长变成了老师，老师变成了主播……

凡此种种，我们需要将视野穿越“短期的困境与影响”，看看在这个过程中，是否有一些新的行为习惯和思想观念在养成？商业创新通常需要跨过两道槛——信任和习惯。在正常发展状态下，新商业模式往往受制于用户习惯和消费惯性未养成、基础设施不完善等因素，获客和业务开展门槛较高；而危机的出现和应对所带来的社会调整，以及极端环境下用户行为习惯的变化，则可能打破这些门槛，从而孕育突破性机会。

数据显示，经历这次疫情，中国移动互联网和互联网应用得到了一次涉及人群极广的下沉，人们每天有足够长的时间使用各种互联网产品。针对那些我们原来就习惯的商品和服务，我们开始续费了。而针对那些我们原来不太尝试的商品和服务，我们也开始尝试了。

首先，疫情使一些专业性强、门槛高的低频专业应用得到了“强制转化”，包括在线教育、互联网医疗、远程办公等。其次，当大众的线下娱乐时间和预算向线上迁移时，这种流量的强制性迁移为相关产品起到拉新、促活和推动付费转化的作用。这或许将减小各线城市消费者使用互联网的习惯差异，一定程度上打破城乡之间长期以来对数字化的认知差异。对此，泰合资本高级投资经理石松源认为：“长期来看，可能会刺激用户付费习惯的形成，在整个线上文娱领域的预算增加，这有利于打开一些行业的天花板，比如受制于用户付费率不足而产生瓶颈的电竞、小众社区、独立游戏、知识付费等。”

反观一二线城市的人们，当一天有10多个小时可以宅在家里玩手机的时候，可能会发现手机也没那么好玩了。“当疫情结束后，你最想做什么？”的话题在朋友圈刷屏，大家被压抑的各种“社交和消费”需求亟待释放，这将对文旅行业现有的消费结构产生影响，可能是刺激性的影响，也可能是改变性的影响。

长期性：在传统市场中寻找新的商业价值

文化产业市场除了关注短期内的“止血求生”，还应该关注疫情带来的中长期影响。疫情对人们的某些行为模式和心理所产生的影响，或将延续相当长一段时间，这会为整个行业带来中长期的影响。对于疫情后的文化产业而言，我认为以下5点是值得关注的潜在增长点和商业可能性。

1. 传统市场的非接触解决方案

疫情期间，各行各业都在努力地完成极端的线上进化。线上娱乐平台和视频网站增加了不少新用户；在线办公和在线教育平台也完成了市场教育的过程；外交部完成了首次线上记者会；不见面的审批，零接触的外卖……

当下发达的网络基础设施，使得人们足不出户也能满足基本生存需求，可隔着屏幕的生活终究缺少了很多精彩。封闭式的“线上社会实践”让我们看到明日世界的部分景象，它还有很多不足等待完善，也呼唤着传统市场可以提供更加丰富多彩的非接触解决方案。

自动驾驶、智能配送机器人、无人机配送、地下胶囊物流系统等将加速普及化应用；VR、AR、游戏、影视、动漫等文娱体验生产及出版发行行业始终有着对优质内容的需求；文旅产业、文体产业、演艺业、传统工艺美术也要积极通过技术实现“非接触产品线”的开发。

2. 下沉市场的存量价值挖掘

在以往的下沉逻辑中，往往是一线城市的库存商品拿到二线城市销售，二线城市的库存商品流向三四线城市。但随着互联网信息平台带来的信息壁垒的减弱，这一逻辑已经逐渐不再奏效。事实上在许多三四线城市，往往隐藏着不亚于一二线城市的消费能力。

专注文创产品开发与运营的小涵文创创始人徐小涵曾说：“所有产品都值得用文创重新做一遍。”如今下沉市场的存量开发之机遇，在于消费者的消费观念日渐成熟和对好产品的需求日益升级。消费者对文创产品的消费行为是一种文化或场景的情绪发酵。消费者消费产品的同时，要把产品背后的文化与创意带走体验，产品用途从单一的功能使用变成长远的体验行为。

一个成功的文创产品策划不在于解决了消费者痛点，而在于解决了场景痛点。而下沉市场的存量价值挖掘，必须以一种能够博取下沉市场主体人群“获得感”的方式去进行，这有别于我们在主流市场的“消费升级式”打法。

3. 文化实体消费场所的IP化生存

疫情之下，“逛街”似乎成了一项高危运动。目前实体书店、影剧院、网吧等以人员集聚为主要特征的实体文化消费场所、公共文化活动空间面临“断流”冲击，生意近乎停摆，刚刚回暖的文化实体消费雪上加霜。

春节期间，不少商家便从线下转到线上去主动寻找顾客，以尽量挽回损失。而那些没有机会把商品和服务转到线上的商家，更多正处在焦虑之中。商品、顾客、交易都能转到线上，但并不等同于线下销售环节能完整地实现线上化。线下独特的场景体验优势无法随之转移，这将直接影响销售效果。

事实证明，传统企业重新搭建线上流量池的工作，并不能一蹴而就。你觉得“果粉”会因为苹果零售店关门而放弃购买吗？再以中国现存时间最长亦是最成功的女装设计师品牌“例外”为例，其以原创、独特的服饰文化和生活方式吸引了30000多名忠实VIP顾客。2004年之后，“例外”越来越贵了，但我们看到，依然有大量的拥趸看到店员在朋友圈发的“上新”后，就会直接下单。

未来，我们必将看到越来越多的品牌主实现“IP化生存”，通过对流量私有化的强化，将“人-货-场”三个零售要素兼修，深耕存量用户的价值，进而经营用户全生命周期。

4. 传统企业的新文创转型

创新并不意味着让别人无路可走，而是找到新的商业价值来吸引此前不被重视的新客户。典型的例子是，流媒体平台Netflix已经拿下了奥斯卡，共享住宿平台Airbnb抢走了廉租酒店的生意，听说现在又开始进军娱乐业，拟拍摄纪录片以吸引游客，好莱坞又多了一位来自硅谷的竞争者。

疫情过后，经历过全面“在线社会实践”洗礼的中国社会，毫无疑问将会进一步加速数字文明的脚步，它带来的是整个社会生活方式、企业组织方式及价值观的重塑，它将影响社会的方方面面，覆盖社会的所有组织及个体。

疫情过后，商业市场必然不断出现颠覆性的利益重构，重构体验、重构价值、重构连接。我们在技术上飞速变化的能力，会让很多原有的“成功经验”失效。技术驱动的新文创转型不会为你等待、暂停或任由你观望，你不去做的，别人就会去做。这一切就如同顾客不知道自己想要一台iPad，直到苹果递给他们一样。

5. 文化产业市场的长期主义

如何看待现金流？如何管理企业债务？如何理解资产的配置机制？如何完善产业链上下游的协作抗风险能力？这些曾经在各种MBA、EMBA商业课程中被老师反复强调的基本问题，大家之前对它们无感，但现在应该都感受到了压力。此时此刻，我们需要更看重文化企业的商业运营能力，回归商业本质看待文化企业的经营。这次疫情，对于很多的门店来说相当于重新开业，对于很多企业来说相当于重新起步。相信经过这次疫情，越来越多的文化企业会开始反思经营本质的问题。而能够在危机中发现机会、不断调整自身边界、关注长期价值的创新企业，必将更加强大。

让我们一起跨越2020年春天里的冰河。